U0898999

本书为牡丹江师范学院博士科研启动基金项目后期成果，
项目编号为 MNUB201810。

《汉书集释》研究

陈大志　著

哈尔滨

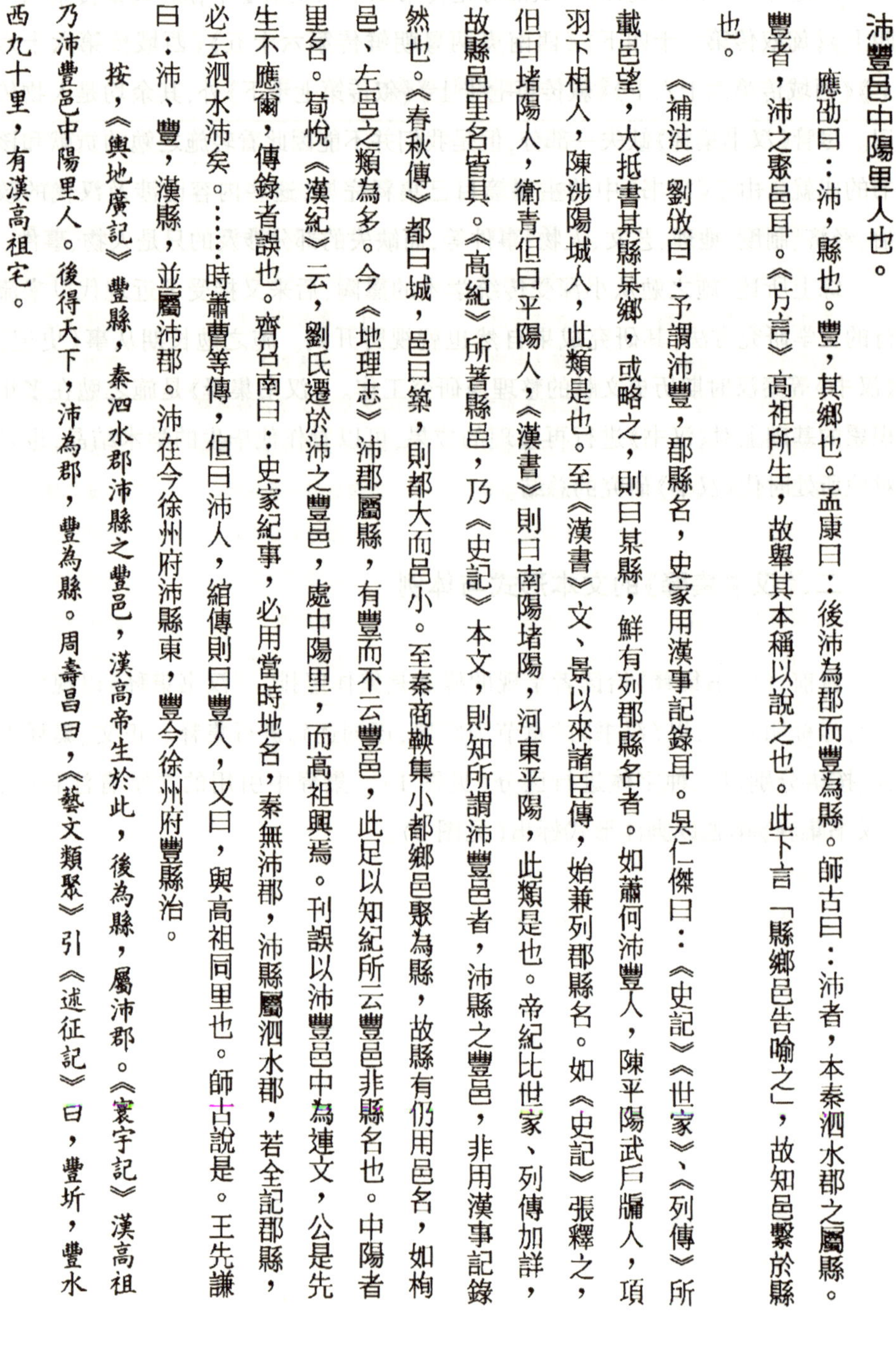

沛豐邑中陽里人也。

應劭曰：沛，縣也。豐，其鄉也。孟康曰：後沛為郡而豐為縣。師古曰：沛者，本秦泗水郡之屬縣。豐者，沛之聚邑耳。《方言》高祖所生，故舉其本稱以說之也。此下言「縣鄉邑告喻之」，故知邑繫於縣也。

《補注》劉攽曰：予謂沛豐，郡縣名，史家用漢事記錄耳。吳仁傑曰：《史記》《世家》、《列傳》所載邑望，大抵書某縣某鄉，或略之，則曰某縣，鮮有列郡縣名者。如蕭何沛豐人，陳平陽武戶牖人，項羽下相人，陳涉陽城人，此類是也。至《漢書》文、景以來諸臣傳，始兼列郡縣名。如《史記》張釋之，但曰堵陽人，衛青但曰平陽人，《漢書》則曰南陽堵陽，河東平陽，此類是也。帝紀比世家、列傳加詳，故縣邑里名皆具。《高紀》所著縣邑，乃《史記》本文，則知所謂沛豐邑者，沛縣之豐邑，非用漢事記錄然也。《春秋傳》都曰城，邑曰築，則都大而邑小。至秦商鞅集小都鄉邑聚為縣，故縣有仍用邑名，如栒邑、左邑之類為多。今《地理志》沛郡屬縣，有豐而不云豐邑，此足以知紀所云豐邑非縣名也。中陽者里名。荀悅《漢紀》云，劉氏遷於沛之豐邑，處中陽里，而高祖興焉。刊誤以沛豐邑中為連文，公是先生不應爾，傳錄者誤也。齊召南曰：史家紀事，必用當時地名，秦無沛郡，沛縣屬泗水郡，若全記郡縣，必云泗水沛矣。……時蕭曹等傳，但曰沛人，綰傳則曰豐人，又曰，與高祖同里也。師古說是。王先謙曰：沛、豐，漢縣，並屬沛郡。沛在今徐州府沛縣東，豐今徐州府豐縣治。

按，《輿地廣記》豐縣，秦泗水郡沛縣之豐邑，漢高帝生於此，後為縣，屬沛郡。《寰宇記》漢高祖乃沛豐邑中陽里人。後得天下，沛為郡，豐為縣。周壽昌曰，《藝文類聚》引《述征記》曰，豐圻，豐水西九十里，有漢高祖宅。

图 1

與項梁共立楚懷王孫心為楚懷王。

應劭曰：六國為秦所并，楚最無罪，為百姓所思，故求其後，立為楚懷王，以祖謚為號，順民望也。

姚範曰：余謂懷王自項氏所立，《史記》亦耑係之項梁。班、史自漢臣語耳，然正其密緻。

楊樹達曰：按，懷王為謚，以謚名生存之人，似為無理。又祖孫同號，疑若不經。然《白虎通·姓名篇》云，《易》曰帝乙，謂成湯。《書》曰帝乙，謂六代孫也。章炳麟《尊史篇》云，商帝稱湯，其後楚王亦曰湯❹。嬴氏祖曰秦仲，則二世亦曰秦中❺。傳帝鴻氏有不才子，謂之渾敦❻。樹達按，章說甚核。然則孫心號為懷王，猶行古道矣。

章邯破殺魏王咎、齊王田儋於臨濟。

錢大昭曰：《田儋魏豹傳》、荀悅《漢紀》皆作臨濟，惟《項籍傳》作臨菑，疑誤。

周壽昌曰：按，《傳》咎自殺，儋為邯所殺也。

沛公、項羽追北。

服虔曰：師敗曰北。韋昭曰：古背字也，背去而走也。師古曰：北，陰幽之處，故謂退敗奔走者為北。《老子》曰，萬物向陽而負陰。許慎《說文解字》云，北，乖也。《史記·樂書》曰，紂為朝歌北鄙之音。朝歌者不時，北者敗也，鄙者陋也。是知北即訓乖，訓敗，無勞借音。韋昭之徒並為妄矣。

周壽昌曰：按，《詩》言樹之背。傳，背，北堂也。《玉篇》堂北曰背。北背古轉訓。服虔、韋昭本此。顏引《老子》、《樂書》，於義支離。王先生念孫解北字甚詳確，稍嫌辭費。

---

❹《史記·秦本紀》及《集解》、《索隱》。

❺郊祀志，南山巫祠南山秦中。秦中者，二世皇帝也。秦中即秦仲。秦世稱仲，猶仍世稱叔，趙世稱孟也。

❻西山經言渾敦，實為帝江。江者鴻之省借。

图 2

对于所引诸说，施之勉并未简单地按照时代先后顺序进行罗列。纵观全书，其编排顺序大体上呈现出如下特点：在对待颜师古注及其所引古注方面，施之勉将其置于所释文句之后，而后以文义先后顺序编排众说；对于王先谦的《汉书补注》，施之勉将其重新解构，引用王先谦的部分学说。下面以《艺文志》为例进行具体阐述。

（一）首列颜师古注，次列《汉书补注》与诸家之说

颜师古注大体包含两部分：一为自注；二为征引前贤之说。其中保存了唐以前训释《汉书》的大量的古注。施之勉采摭众说，首列颜师古注，以明晰文义，而后分列诸家之说。举例如下。

《汉书》原文："圣上喟然而称曰，朕甚闵焉。"①

颜师古曰："喟，叹息之貌也。音丘位反。"②

王先谦《汉书补注》曰："《刘歆传》云，故诏书称曰，礼坏乐崩，书缺简脱，朕甚闵焉。武纪元朔五年诏书，删书缺简脱一句。"③

王应麟曰："《孝武纪》元朔五年，夏六月，诏曰，今礼坏乐崩，朕甚闵焉。刘歆书又云，书缺简脱。"④

刘光蕡曰："承上缺脱崩坏，直接此四字，不重叙上文，此古文简练之法。"⑤

周寿昌曰："案圣上，称孝武也。玩语气，似当时语。窃疑汉求遗书，始自武帝，当时必有记录，班氏采其言入文中耳。"⑥

今按：施之勉首列颜师古对"喟"字的释义及音读，而后编排众说。此部分承接上文"迄孝武世，书缺简脱，礼坏乐崩"，故施之勉征引的诸说针对"圣上称曰"展开论述。

① 施之勉：《汉书集释·艺文志第十》，三民书局股份有限公司2003年版，第4026页。
② 施之勉：《汉书集释·艺文志第十》，三民书局股份有限公司2003年版，第4026页。
③ 施之勉：《汉书集释·艺文志第十》，三民书局股份有限公司2003年版，第4026—4027页。
④ 施之勉：《汉书集释·艺文志第十》，三民书局股份有限公司2003年版，第4027页。
⑤ 施之勉：《汉书集释·艺文志第十》，三民书局股份有限公司2003年版，第4027页。
⑥ 施之勉：《汉书集释·艺文志第十》，三民书局股份有限公司2003年版，第4027页。

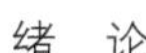

(二)依训释之序编排

历代研究者在研究《汉书》时,对于所论内容,或取一字,或论一段,研究对象多有不同。施之勉在编排研究成果时采取诸说与文义对应的原则,并未按照研究成果出现的时间顺序编排诸说。举例如下。

《汉书》原文:“《服氏》二篇。”①

颜师古曰:“刘向《别录》云,服氏,齐人,号服光。”②

王先谦《汉书补注》曰:“《御览》三百八十五,会稽先贤传,淳于长通,年十七,说宓氏《易经》。案,宓与伏同。服亦与伏同。故服、宓、伏三字互相通假。所称宓氏《易》,即此服氏也。”③

周寿昌曰:“颜注引刘向《别录》,齐人号服光。寿昌案,光一字当是名。古名号字通称也。”④

杨树达曰:“按,吴承仕云,服光,《释文》叙录作服先,是也。先者,先生之省称,如《梅福传》称叔孙先之比,以系尊称,故云号服先。若光是其名,不得云号矣。《儒林传》称服生,盖史家以通语追改之。”⑤

王应麟曰:“《儒林传》田何授王同、周王孙、丁宽、服生,皆著《易》传数篇,同授杨何……”⑥

姚振宗曰:“刘向《别录》服氏,齐人,号服光。按,《释文》引作服先,犹言服先生也。汉人常有是称。光字盖写误。”⑦

又曰:“本书《儒林传》田何授齐服生,著《易》传数篇。”⑧

又曰:“《后汉书》应劭《风俗通·姓氏篇》服氏,周内史叔服之后,以字为氏。武威张澍辑注曰,澍按,《国策》客有见人于服子。《汉·艺文志》《易》家有

---

① 施之勉:《汉书集释·艺文志第十》,三民书局股份有限公司2003年版,第4034页。
② 施之勉:《汉书集释·艺文志第十》,三民书局股份有限公司2003年版,第4034页。
③ 施之勉:《汉书集释·艺文志第十》,三民书局股份有限公司2003年版,第4034页。
④ 施之勉:《汉书集释·艺文志第十》,三民书局股份有限公司2003年版,第4034页。
⑤ 施之勉:《汉书集释·艺文志第十》,三民书局股份有限公司2003年版,第4034页。
⑥ 施之勉:《汉书集释·艺文志第十》,三民书局股份有限公司2003年版,第4034页。
⑦ 施之勉:《汉书集释·艺文志第十》,三民书局股份有限公司2003年版,第4035页。
⑧ 施之勉:《汉书集释·艺文志第十》,三民书局股份有限公司2003年版,第4035页。

注,为《汉书》作注成为一门发达的学问。

可以说,《汉书》注释学至隋唐时期已蔚为大观,隋唐时期出现了《汉书》研究的高潮。但东汉、魏晋南北朝时期的注释也存在一定的局限性。颜师古认为:"近代注史,竞为该博,多引杂说,攻击本文,至有诋诃言辞,掎摭利病,显前修之纰僻,骋己识之优长,乃效矛盾之仇雠,殊乖粉泽之光润。"[①]鉴于此,颜师古在东汉、魏晋南北朝时期的23家注解的基础上,本着"凡旧注是者,则无间然,具而存之,以示不隐"的原则,采用汉人注经之法,对《汉书》进行了集注,并以"师古曰"表达个人见解。[②] 颜师古的《汉书注》在文字校勘、训释疑难、史实考订等方面超越前人,使得长期困扰读者的训读问题基本得到解决,代表《汉书》研究的最高成就,标志着"汉书学"的成熟。[③]

隋唐时期研究《汉书》的学术风气与魏晋南北朝时期有着继承关系。[④] 隋唐时期也出现了一系列著作。[⑤] 这一时期《汉书》研究的地位进一步提高。清代赵翼在《唐初三礼汉书文选之学》中对唐初"汉书学"的发展进行了详细的论述。

> 自隋时萧该精《汉书》,尝撰《汉书音义》,为当时所贵。(《该传》)包恺亦精《汉书》,世之为《汉书》学者,以萧、包二家为宗。(《恺传》)刘臻精于两《汉书》,人称为"《汉》圣"。(《臻传》)又有张冲撰《汉书音义》十二卷,于仲文撰《汉书刊繁》三十卷,是汉书之学,隋人已究心,及唐而益以考究为业。颜师古为太子承乾注《汉书》,解释详明,承乾表上之,太宗命编之秘阁。时人谓杜征南、颜秘书为左丘明、班孟坚忠臣。其叔游秦先撰《汉书决疑》,师古多取其义。此颜注《汉书》,至今奉为准的者也。(《师古传》)房

---

① 颜师古:《汉书叙例》,见班固:《汉书》,中华书局1962年版,"汉书叙例"第3页。

② 刘治立:《史注传统下的"汉书学"》,载《信阳师范学院学报(哲学社会科学版)》2013年第33卷第4期。

③ 肖瑞峰、石树芳:《"汉书学"的历史流程及其特征》,载《清华大学学报(哲学社会科学版)》2013年第28卷第4期。

④ 刘治立:《史注传统下的"汉书学"》,载《信阳师范学院学报(哲学社会科学版)》2013年第33卷第4期。

⑤ 隋唐时期有关《汉书》的研究著作有萧该的《汉书音义》、包恺的《汉书注》、刘臻的《汉书注》、张冲的《前汉书音义》、于仲文的《汉书刊繁》、释务静的《汉书正义》、颜游秦的《汉书决疑》、颜籀的《汉书注》、敬播的《汉书注》《汉书音义》、刘伯庄的《汉书音义》、姚班的《汉书绍训》、姚庭的《汉书绍训》、郝处俊的《汉书注》、顾胤的《汉书古今集义》、李善的《汉书辨惑》、李喜的《汉书辨惑》、沈尊行的《汉书问答》等。

> 玄龄以其文繁难省，又令敬播撮其要成四十卷，当时《汉书》之学大行。又有刘伯庄撰《汉书音义》二十卷。秦景通与弟時皆精《汉书》，号大秦君、小秦君，当时治《汉书》者，非其指授以为无法。又有刘纳言，亦以《汉书》名家。(《敬播传》)姚思廉少受《汉书》学于其父察。(《思廉传》)思廉之孙班，以察所撰《汉书训纂》多为后之注《汉书》者隐其姓氏，攘为己说，班乃撰《汉书绍训》四十卷，以发明其家学。(《姚璹传》)又顾胤撰《汉书古今集》二十卷。(《胤传》)李善撰《汉书辨惑》三十卷。(《善传》)王方庆尝就任希古受《史记》、《汉书》，希古迁官，方庆仍随之卒业。(《方庆传》)他如郝处俊好读《汉书》，能暗诵。(《处俊传》)裴炎亦好《左氏传》、《汉书》。(《炎传》)此又唐人之究心《汉书》，各禀承旧说，不敢以意为穿凿者也。①

此后，历代学者在颜师古注的基础上在考订、辨伪、校勘、训释、补作、辑佚等方面对《汉书》做了大量的工作。② 但不同时期的侧重点有所不同。

宋元明时期研究《汉书》的著作较多，③但学风发生了较大的变化。“六朝《汉书》之学盛于《太史公书》，然徒传诂训，不及大义。宋人好读《汉书》，则又以其载事详赡，资策论引据及多词章华藻而已。”④宋人在研究《汉书》时除了阐发义理之外，在《汉书》的版本研究方面也做了诸多工作，并影响到明清时期的学者。如现仍存世的北宋景祐本、南宋建安本、明嘉靖南监本和毛氏汲古阁本等，都是对《汉书》进行校勘的重要底本。其中，由余靖、王洙等人整理的北宋景祐本，“悉取二馆诸本及先儒注解、训传、六经、小说、字林、说文之类数百家之书，以相参校”⑤，被认为“是印刷术推广后，第一次对《汉书》流传诸本进行系统

---

① 赵翼撰，黄寿成校点：《廿二史札记(二)》，辽宁教育出版社2000年版，第350—351页。

② 对于历代《汉书》研究，可参见张傧生的《〈汉书〉著述源流考》(《女师大学术季刊》1931年第2期)，周洪才的《历代〈汉书〉研究述略》(《齐鲁学刊》1987年第3期)，周洪才、钟淑娥的《〈汉书〉及其历代研究》(《河南图书馆学刊》1989年第1期)，徐家骥的《中国古代〈汉书〉研究概述》(《咸阳师专学报(综合双月刊)》1996年第11卷第1期)，许殿才的《〈汉书〉研究的回顾》(《史学史研究》1991年第2期)，袁法周的《中国古代〈汉书〉的传播与研究》(《宁夏社会科学》2007年第2期)等。

③ 如余靖《汉书刊误》，张泌《汉书刊误》，刘敞、刘攽、刘奉世《三刘汉书标注》，刘攽《汉书刊误》，吴仁杰《两汉刊误补遗》，富弼《前汉书纲目》，刘巨容《汉书纂误》，陈季雅《两汉博议》，陈傅良《西汉史钞》等。

④ 段渝：《刘咸炘论史学》，上海科学技术文献出版社2008年版，第33页。

⑤ 张舜徽：《中国历史文献研究(三)》，华中师范大学出版社1990年版，第160页。

整理形成的较好版本”[1]。而自宋代开始,《汉书》研究形成了开放性的特点,不仅有专题研究,而且还有文集、随笔、杂著等类型的考据研究。[2] 具有代表性的著作有王应麟的《汉书艺文志考证》、洪迈的《容斋随笔》等。

明代对《汉书》的研究受到宋元理学和王阳明心学的影响,并出现了凌稚隆的《汉书评林》、茅坤的《鹿门先生批点汉书钞》等具有评点性质的代表性著作。其中,凌稚隆的《汉书评林》汇集了东汉至明代170多家评论《汉书》的资料,引书达百余种,是一部很有价值的《汉书》评论资料汇编,对历史事件、人物、文章技巧、作史宗旨等方面的内容进行了评说。[3]

清代《汉书》研究成就斐然。如果说宋代以校勘为主,明代以评点为主,那么清代在考证方面的成就最为突出。清代社会安定,经济发展,推行文化专制政策。这促使学风从明代心学转向实证之学。《汉书》在一定程度上迎合了文士的考据热情,因此文士“多肆力此书”,“研穷班义,考正注文,著述美富,旷隆往代”[4]。钱大昕、赵翼、王鸣盛、钱大昭、王先谦等鸿儒硕学或训诂,或校勘,或辨伪,或考据,或补阙,或辑佚,或评议,各极其能,掀起了《汉书》研究新的高潮。[5] 其中,王先谦汇集隋代以来的研究成果,吸取郭嵩焘等人的研究成果和参订意见,以汲古阁本为底本,整理出《汉书补注》一书。自此以后,《汉书》“奥义益明”,“读《汉书》者人手一编,非无故也”[6]。据不完全统计,清代《汉书》研究专著和有关《汉书》内容的笔记有150余家,《清代文集篇目分类索引》所收录的与《汉书》研究有关的单篇文章有200多篇,从数量上来看,王先谦并没有过多地关注单篇文章,对前人研究成果的征引是不够的。[7]

五四以来,学者在以往研究成果的基础上,开始把史观、史意作为探究重点,涌现出一批新成果。[8] 具有代表性的著作有杨树达的《汉书窥管》和陈直的

---

① 许殿才:《〈汉书〉研究的回顾》,载《史学史研究》1991年第2期。

② 倪小勇:《宋代“文治”背景下的〈汉书〉研究》,西北大学博士学位论文,2014年。

③ 徐家骥:《中国古代〈汉书〉研究概述》,载《咸阳师专学报(综合双月刊)》1996年第11卷第1期。

④ 班固撰,王先谦补注:《汉书补注·前汉补注序例》,上海古籍出版社2008年版,第1页。

⑤ 肖瑞峰、石树芳:《“汉书学”的历史流程及其特征》,载《清华大学学报(哲学社会科学版)》2013年第28卷第4期。

⑥ 杨树达:《汉书窥管》,江西教育出版社2022年版,第1页。

⑦ 张海峰:《王先谦〈汉书补注〉研究》,山东大学博士学位论文,2011年。

⑧ 杨树达《汉书窥管》、魏连科《汉书人名索引》、吴恂《汉书注商》、岑仲勉《汉书西域传地理校释》、黄大华《汉志郡国沿革考》、顾实《汉书艺文志讲疏》、陈国庆《汉书艺文志注释汇编》、陈直《汉书新证》等。

《汉书新证》。《汉书窥管》把传统治学路径与新史学方法结合起来，在《汉书》校勘、考订方面有新的突破。《汉书新证》则利用出土实物资料，如简牍、石刻、陶器、封泥、货币等，对《汉书》进行考证，取得了新的可喜成绩。《汉书窥管》与《汉书新证》具有重要的学术价值。

历代学者经过努力，在《汉书》的考订、校勘、训释等方面取得了卓越的成就，存在的问题基本得到解决。但前人难免会在个别问题上存在不足之处，今人在传统的考订基础上对《汉书》进行了多视角、全方位的研究。

学界多怀疑《汉书补注》成于众人之手。如杨树达指出："据《补注》全书观之，葵园先生用心不失审慎，而此二事《补注》愦愦如此，疑先生于诸表假手他人，不及覆校也。"①又如，陈直认为，"王先生之优点，自己创见并不多，排比校雠之役，且多假手于他人"②。而《汉书集释》则全部由施之勉一人完成。因此，对《汉书集释》进行系统研究，不仅可以回顾历代有关《汉书》的研究成果，也可以为今后一段时期的研究提供启发与借鉴。

四、《汉书集释》研究的方法与路径

《汉书集释》出版后，印量较小，在学界的反响也非常有限。通过对相关文献进行检索，《汉书集释》的引证成果不足30篇。这主要体现在三个方面。一是引用《汉书集释》的观点。这主要体现在《艺文志》的相关研究成果和史评类研究成果中。③ 二是转引《汉书集释》引用的观点。有的学者难以找到原始资

① 杨树达：《汉书窥管》，江西教育出版社2022年版，第2页。

② 陈直：《汉书新证·自序》，中华书局2008年版，"自序"第4页。

③ 谢秉洪：《〈汉书〉考校研究——以中华书局点校本为中心》，南京师范大学博士学位论文，2006年。尹海江：《〈汉书·艺文志〉研究——以〈六艺略〉为中心》，浙江大学博士学位论文，2007年。张海亮：《〈汉书·艺文志〉与〈隋书·经籍志〉编纂思想比较研究》，河南大学硕士学位论文，2009年。王子今：《〈安世房中歌〉"纷乱东北"、"盖定燕国"解》，见雷依群、徐卫民：《秦汉研究（第三辑）》，陕西人民出版社2009年版。王万洪、仇利萍、杨倩丽：《文史之辨：学术视野的经典诠解》，四川大学出版社2013年版。冯鑫：《〈史记·高祖本纪〉与〈汉书·高帝纪〉比较研究——马班异同个案研究》，河北师范大学硕士学位论文，2012年。蔡雨明：《〈汉书·地理志〉黄河水系汇考》，河北师范大学硕士学位论文，2015年。郭成磊：《〈汉书·艺文志〉梦占考》，《科学·经济·社会》2015年第33卷第1期。游逸飞：《汉初齐国无郡论——战国秦汉郡县制个案研究之三》，《历史地理》2016年第1期。

料的出处,便直接利用《汉书集释》引用的观点。① 三是指出《汉书集释》存在的问题。上述情况说明《汉书集释》引起了学者的关注,特别是在《汉书》的再整理与研究方面。我们需要对《汉书集释》进行系统的分析,对其中存在的问题进行补证,对其整理方法与模式进行剖析。这对于推动《汉书》的再整理与秦汉史研究具有重要意义。这也是本书研究的内容。

我们可以对《汉书集释》进行探讨,分析施之勉的研究方法、研究观点、研究成就等。同时,作为整理本,《汉书集释》包含了后人的劳动成果,其中存在的问题不完全是施之勉的问题,有可能是后人整理失误造成的。因此,本书以印刷本的《汉书集释》作为研究对象,从“集释”的角度进行探讨。具体而言,本书主要探讨以下五个方面的问题。

一是《汉书集释》按语的内容。这一部分主要体现施之勉的学术观点。我们通过对按语进行分类评析,不仅能把握《汉书集释》全书的内容梗概,也能充分了解施之勉的学术观点及其对相关问题的认识。

二是《汉书集释》的引书情况。在评价集释性成果的优劣时,首要的标准是是否“全”,其次是是否具有“代表性”。而这可以通过分析引书的情况来进行研究。此外,我们通过分析引书的时代分布概况,能够了解施之勉在前人研究成果的基础上所做出的具体贡献。

三是《汉书集释》的文字校勘。校勘是古籍整理的第一步,是反映学术功底和学术价值的重要指标。《汉书集释》中有大量的文字校勘内容。通过分析文字校勘内容,可以了解施之勉所掌握的《汉书》的版本,以及个别文字讹误的差异。

四是《汉书集释》按语补考。施之勉按语中存在不准确或不完整的观点。对于个别观点的考察,我们可以在施之勉集释成果的基础上进行拓展。这必然会推动秦汉史相关问题的研究。

五是《汉书集释》的特色。本书以施之勉最早发表的集释成果《艺文志集

---

① 陈维昭:《汉代乐署沿革与“乐”的诸形态》,见陈维昭、罗书华、周兴陆:《黄霖先生七秩华诞师门同庆集(上册)》,凤凰出版社 2011 年版。秦进才:《〈汉书·江充传〉“充出逢馆陶长公主”考》,见中国秦汉史研究会:《秦汉史论丛　第 13 辑》,郑州大学出版社 2014 年版。周春健:《〈汉书艺文志·叙论〉疏证》,见曾海军:《肇端发始见人文——第一届“儒家人文与素质教育”研讨会论文集》,四川大学出版社 2015 年版。

释》为例,力图全面揭示其研究方法,从而为今后的《汉书》再整理提供方法上的借鉴。

关于具体的研究方法,本书主要将文献学研究方法与历史学研究方法结合起来,充分利用最新的简牍材料和学界研究成果,通过比较研究,对相关学术观点进行对比,以期得出客观、合理的结论。

第一章 《汉书集释》的内容

自从《汉书》成书以来,对其进行注释的学者有很多,由于各种学说存在一定的分歧,各种讨论绵延不绝。颜师古和王先谦最具代表性,特别是王先谦的《汉书补注》被看作《汉书》研究的总结性的学术集成。但从施之勉所处的时代来看,还有不少注家的成果并未被收录,而学术界又有新的观点或成果产生,于是施之勉对《汉书》进行了集成式研究。集释是指汇集诸家对某一古籍的解说,断以己意。在《汉书集释》中,除收录了自己认为值得收录的诸家观点之外,施之勉还相对应地写下了按语。按语的内容包括考释字词、考证时间、考证人物、考证制度、考证史事、考证地理、批评他注、注释补注、发表史论等。

《汉书集释》的集释内容与按语内容几乎是一致的。本书对《汉书集释》的集释内容进行研究,也是对施之勉的按语进行研究。下面将择要进行评议。

第一节 考释字词

《汉书》自古以来就被认为"难读"。这主要是因为词义本身随着年代的变迁而不断发生变化。不同时代的注释者对个别字词的理解并不一致。施之勉的按语涉及这方面的内容。下面将选取几例进行评析。

一、补释单字

(一)扛

《汉书》原文:“籍长八尺二寸,力扛鼎,才气过人。吴中子弟皆惮籍。”①

颜师古曰:“扛,举也。音江。”②

施之勉按曰:“《汉纪》云,身长八尺二寸,目重瞳子,力能扛鼎。段玉裁曰,凡大物而两手对举之曰扛。项羽力能扛鼎,谓鼎有鼏,以木横贯鼎耳,而举其两耑也。即无横木,而两手举之,亦曰扛。”③

今按:施之勉引用段玉裁的观点,除解释“扛”的字义之外,还形象地描述了“扛鼎”的状态。《史记索隐》引《说文解字》云:“横关对举也。”④韦昭云:“扛,举也。”⑤可见,颜师古沿袭韦昭的观点。

(二)卬

《汉书》原文:“执宾主之礼,以其贵下人。性廉,又不治产,卬奉赐给诸公。”⑥

颜师古曰:“卬,音牛向反。奉,音扶用反。”⑦

① 施之勉:《汉书集释·陈胜项籍传第一》,三民书局股份有限公司2003年版,第4742页。
② 施之勉:《汉书集释·陈胜项籍传第一》,三民书局股份有限公司2003年版,第4742页。
③ 施之勉:《汉书集释·陈胜项籍传第一》,三民书局股份有限公司2003年版,第4742页。
④ 司马迁:《史记·项羽本纪第七》,中华书局2013年版,第377页。
⑤ 司马迁:《史记·项羽本纪第七》,中华书局2013年版,第377页。
⑥ 施之勉:《汉书集释·张冯汲郑传第二十》,三民书局股份有限公司2003年版,第5849页。
⑦ 施之勉:《汉书集释·张冯汲郑传第二十》,三民书局股份有限公司2003年版,第5849页。

施之勉按曰:“《广雅·释诂》仰,恃也。”①

今按:在《汉书》中,“仰”多作“卬”,二字相通假,如“万物卬贵”。

(三)防

《汉书》原文:“胜斩之。诸故人皆自引去,由是无亲胜者。以朱防为中正。”②

王先谦《汉书补注》曰:“《史记》防作房,则防是房之误。”③

施之勉按曰:“《史记·河渠书》宣房,《汉书·沟洫志》作宣防。《后汉书·光武纪》南击新市、真定、元氏、防子,皆下之。章怀注,房子,属常山郡,今赵州县也。防与房,古字通用。”④

今按:施之勉充分引用相关材料,认为“防”与“房”二字相通。

二、补注词组

(一)肺附

《汉书》原文:“上初即位,富于春秋。蚡以肺附为相。”⑤

颜师古曰:“旧解云,肺附,如肝肺之相附著也。一说,肺,斫木札也。喻其轻薄附著大材也。”⑥

王先谦《汉书补注》曰:“肺附,《史记》作肺腑,下同。案,当作柿附,说详

① 施之勉:《汉书集释·张冯汲郑传第二十》,三民书局股份有限公司2003年版,第5849页。
② 施之勉:《汉书集释·陈胜项籍传第一》,三民书局股份有限公司2003年版,第4737页。
③ 施之勉:《汉书集释·陈胜项籍传第一》,三民书局股份有限公司2003年版,第4737页。
④ 施之勉:《汉书集释·陈胜项籍传第一》,三民书局股份有限公司2003年版,第4737—4738页。
⑤ 施之勉:《汉书集释·窦田灌韩传第二十二》,三民书局股份有限公司2003年版,第5968页。
⑥ 施之勉:《汉书集释·窦田灌韩传第二十二》,三民书局股份有限公司2003年版,第5968页。

《刘向传》。”①

施之勉按曰:“张守节《正义》曰,颜师古曰,旧解云,肺腑,如肝肺之相附著也。一说,肺,斫木札也。喻其轻薄附著大材。按,颜此说并是疏谬。又改腑为附,就其义重谬矣。《八十一难》云,寸口者,脉之大会,手太阴之动脉也。吕广云,太阴者,肺之脉也。肺为诸藏之主,通阴阳,故十二经脉皆会乎太阴,所以决吉凶者。十二经有病,皆寸口知其何经之动,浮沉涩滑,春秋逆顺,知其死生。顾野王云,肺腑,腹心也。案,说田蚡为相,若人之肺,知阴阳逆顺,又为帝之腹心亲戚也。”②

今按:施之勉驳议颜师古的注解,言之有理,但引《八十一难》,则繁复而不得要领。顾野王的“腹心”说比较合乎文意。

(二)北第第一

《汉书》原文:“惠帝及高后德婴之脱孝惠、鲁元于下邑间也,乃赐婴北第第一,曰:近我,以尊异之。”③

颜师古曰:“北第者,近北阙之第,婴最第一也。故张衡《西京赋》云,北阙甲第,当道直启。”④

施之勉按曰:“乃赐婴,《史记》作乃赐婴县。瞿方梅曰,县字绝句。言赐婴食邑于下邑之间,又赐婴帝城北之甲第一区。其云第一者,自帝城推数之,此第特居众第之首,最与帝城相近,故高后曰近我。班氏削去县字,盖疑之也。”⑤

今按:施之勉认为班固削去了“县”字。《史记》中记载的是“乃赐婴县北第第一”。与《汉书》相比,《史记》中多了一个“县”字。北第是指宫殿北面门楼附

---

① 施之勉:《汉书集释·窦田灌韩传第二十二》,三民书局股份有限公司2003年版,第5968页。
② 施之勉:《汉书集释·窦田灌韩传第二十二》,三民书局股份有限公司2003年版,第5968页。
③ 施之勉:《汉书集释·樊郦滕灌传靳周传第十一》,三民书局股份有限公司2003年版,第5294页。
④ 施之勉:《汉书集释·樊郦滕灌传靳周传第十一》,三民书局股份有限公司2003年版,第5294页。
⑤ 施之勉:《汉书集释·樊郦滕灌传靳周传第十一》,三民书局股份有限公司2003年版,第5294页。

近的府第。但“县北第”如何理解？秦末汉初时期，帝王往往以“县官”自称，笔者推测“县”乃“县官”的省称，指宫殿北面的居住区域。陈直认为：“第一，在大第中无与两也。一曰第一者，里中第一门，犹今人之称住某巷一号也（《居延汉简释文》卷一、八十二页，有简文云：‘张公子所舍，在里中二门东入。’可以互证）。”[①]这两种理解均有可能。

施之勉在《汉书集释》中还指出了《史记》《汉书》用字的异同。举例如下。

《汉书》原文：“今吴王自以与大王同忧，愿因时循理，弃躯以除患于天下，意亦可乎。”[②]

施之勉按曰：“意，《史记》作亿。陈子龙曰，亿者，意度也。”[③]

《汉书》原文：“布欣然笑曰：人相我，当刑而王，几是乎？人有闻者，共戏笑之。”[④]

施之勉按曰：“《史记》戏笑作俳笑。张照曰，相共谐谑而非笑之，非以俳优辈目之也。李笠曰，《一切经音义十》引《仓颉篇》云，俳，戏也。”[⑤]

除了班固偏爱使用古文以外，出现这种情况的原因还有两个：一是班固在书写时为了避免完全与司马迁一致，在个别字词的使用上刻意地进行了同义替换；二是由于语言发生变迁，班固只是使用了当时习惯使用的字词。当然，这并不影响文意本身，但施之勉具体指出了其中的不同，并列出了后人的注解，为版本学、语言学领域的《史记》《汉书》研究做了基础性的工作。

---

① 陈直：《史记新证》，中华书局 2006 年版，第 151 页。

② 施之勉：《汉书集释 · 荆燕吴传第五》，三民书局股份有限公司 2003 年版，第 4965 页。

③ 施之勉：《汉书集释 · 荆燕吴传第五》，三民书局股份有限公司 2003 年版，第 4965 页。

④ 施之勉：《汉书集释 · 韩彭英卢吴传第四》，三民书局股份有限公司 2003 年版，第 4917 页。

⑤ 施之勉：《汉书集释 · 韩彭英卢吴传第四》，三民书局股份有限公司 2003 年版，第 4917 页。

第二节 考证时间

根据传世文献记载,我国历史上确切的编年记录最早见于西周共和元年(公元前841年),"那时都是以某帝某王即位的一年为第一年,称为元年或一年,以下顺序递增。帝王死后,即以其谥法称他在位的纪年为某帝某王元年、二年、三年……"①。这种纪年方法,历经周、秦、汉初,都没有发生改变,《左传》《国语》等都是依照当时帝王纪年进行编写的。② 而秦始皇即位后,自称始皇帝,宣布其子孙称二世、三世乃至万世。《汉书》中出现时间差异的主要原因有以下三个。

一是汉文帝时期开始"改元"。汉文帝时期进行了两次"改元",汉景帝时期进行了三次"改元",汉武帝更是任意"改元"。尽管史家在记载时追记为"前元""中元""后元",以进行区分,但是这并不能避免在记述时发生差错。

二是汉武帝时期开始设置"年号"。这使得纪年方法发生了变化。根据《史记·封禅书》的记载和明清学者的考订,人们一般认为汉武帝元鼎四年以前诸年号系后来追记的。③ 但近代以来,有学者认为汉武帝"建元""元光"等年号并非追记。④ 也有学者认为年号纪年始于汉武帝太初元年,汉武帝建元至元封诸年号都应出于事后追记。⑤ 学界至今还存在不同的意见。汉武帝的改元与年号自然也影响到当时的撰述者。

三是汉代诸侯国也有独立纪年。如《汉书》记载:"孝文皇帝,高祖中子也,母曰薄姬。高祖十一年,诛陈豨,定代地,立为代王,都中都。十七年秋,高后崩,诸吕谋为乱,欲危刘氏。丞相陈平、太尉周勃、朱虚侯刘章等共诛之,谋立代王。"⑥其中的"十七年"就是代王十七年。这反映了汉代诸侯国自有纪年。

① 北京图书馆《文献》丛刊编辑部:《文献(第十七辑)》,书目文献出版社1983年版,第235页。

② 张旭光:《关于中国历史纪年的初步意见》,载《新史学通讯》1956年第1期。

③ 赵化成:《汉"建元"、"元光"、"元朔"诸器辨伪兼及武帝前期年号问题》,载《文博》1996年第4期。

④ 陈直:《汉书新证》,天津人民出版社1979年版,第26页。

⑤ 辛德勇:《汉"元朔五年弩"鐖郭铭文述疑》,载《故宫博物院院刊》2009年第2期。

⑥ 班固:《汉书·文帝纪第四》,中华书局1962年版,第105页。

当含有历史纪年信息的材料错综交织在一起时,这难免会给《汉书》撰写者带来困扰,以致误判个别年代信息。但这也激发了后代治史者对这一问题的探讨。《汉书集释》的按语中有不少考证时间的条目,具体而言主要涉及季节、月份、晦朔、天数、日期等。下面将择要进行介绍与评述。

一、考证季节

《汉书》原文:"六月,行幸雍。秋,匈奴盗边。遣将军韩安国屯渔阳。"①

历代注释家并未对"秋"这一词条进行注解,施之勉对此有所关注。

施之勉按曰:"《西汉年纪》秋,匈奴数千人盗边,渔阳尤甚。以卫尉韩安国为材官将军,屯渔阳备胡。《考异》曰,《汉书》本《纪》载于秋,《匈奴传》以为冬。今从本《纪》。"②

今按:《四库全书总目提要》指出:"益之独旁取《楚汉春秋》、《说苑》诸书,广征博引,排比成书,视《通鉴》较为详密。至所作《考异》,于一切年月舛误、纪载异同、名地错出之处,无不参稽互核,折衷一是。多出二刘《刊误》、吴仁杰《补遗》之外,尤《通鉴考异》所未及,其考证亦可谓精审矣。"③施之勉根据《西汉年纪》的内容来佐证"《汉书》本《纪》",这从方法上来说是可取的。

二、考证月份

《汉书》原文:"秦二年十月。沛公攻胡陵、方与。还守丰。"④

---

① 施之勉:《汉书集释·武帝纪第六》,三民书局股份有限公司2003年版,第357页。
② 施之勉:《汉书集释·武帝纪第六》,三民书局股份有限公司2003年版,第357页。
③ 纪昀:《四库全书总目提要》,河北人民出版社2000年版,第1309页。
④ 施之勉:《汉书集释·高帝纪第一》,三民书局股份有限公司2003年版,第23—24页。

施之勉按曰:"《史记·高纪》乃立季为沛公,攻胡陵方与,还守丰。《曹相国世家》高祖为沛公而初起也,参以中涓从,将击胡陵、方与。攻秦监公军,大破之。《绛侯世家》高祖之为沛公初起,勃以中涓从,攻胡陵,下方与。《月表》二世元年,沛公初起。二年十月,击胡陵、方与,破秦监军。是沛公攻胡陵、方与在二世二年十月也。"①

今按:《汉书》记载道:"秦二年十月,沛公攻胡陵、方与,还守丰。"②仅从《汉书》的记载来看,"秦二年十月"系"秦二世"时期。但这之所以引起史家理解有差异,主要是因为《史记·高祖本纪》记载为:"于是少年豪吏如萧、曹、樊哙等皆为收沛子弟二三千人,攻胡陵、方与,还守丰。秦二世二年,陈涉之将周章军西至戏而还……"③齐召南认为,"《史记》本《纪》此事在上年之末。此从《月表》,在二年十月。凡《汉书》月日,与《史记·本纪》不同者,皆据《月表》也"④。王先谦则认为齐召南的观点有误。由此可以看出,施之勉充分结合曹参、周勃二人传记中的记载,以多重证据表明齐召南的观点不准确,进而补充王先谦的观点,即沛公攻胡陵、方与在秦二世二年十月。

三、考证晦朔

《汉书》原文:"秋七月乙巳晦,日有食之。"⑤

施之勉按曰:"《西汉年纪》秋七月乙巳,先晦一日,日有食之。荀《纪》、《考异》曰,《汉书》本《纪》作乙巳晦,《史记》无晦字。按,长历乙巳,盖七月二十九日也。颛顼历以丙午为八月朔,则《汉纪》乙巳晦,未为非是。及考《百官表》载七月丙午,丞相舍免。是月既有丙午,不应以乙巳为晦。又《五行志》及荀悦《汉

① 施之勉:《汉书集释·高帝纪第一》,三民书局股份有限公司2003年版,第24页。
② 班固:《汉书·高帝纪第一上》,中华书局1962年版,第11页。
③ 司马迁:《史记·高祖本纪第八》,中华书局2013年版,第442—443页。
④ 施之勉:《汉书集释·高帝纪第一》,三民书局股份有限公司2003年版,第24页。
⑤ 施之勉:《汉书集释·景帝纪第五》,三民书局股份有限公司2003年版,第316页。

纪》云,七月乙巳,先晦一日,日有食之,则丙午为晦日,明矣。今从荀《纪》。"①

今按:施之勉引用《百官表》"七月丙午,丞相舍免",既然七月有丙午,那么其前一日乙巳则自然不能是朔日。根据《中西回史日历》和《中国史历日和中西历日对照表》,景帝后元元年七月丁丑朔,八月丁未朔。这可以证明施之勉的考证是成立的。

四、考证天数

《汉书》原文:"闰月己酉,入代邸。"②

刘敞曰:"己酉去诛诸吕三十七日矣。"③

施之勉按曰:"《西汉年纪》曰,高后八年。高后已葬。九月庚申,太尉乃遣朱虚侯谓曰:急入宫卫帝。朱虚侯请卒,太尉予卒千余人,逐产,杀之郎中府吏厕中。辛酉,捕斩吕禄,而笞杀吕媭,因诛樊伉。使人诛燕王吕通,而废鲁王偃,及其子二侯。后九月晦日己酉,代王至长安。计庚申至己酉,五十日。辛酉至己酉,四十九日。刘说三十七日,误。"④

今按:从九月辛酉诛诸吕,到后九月己酉,共计四十九日,刘敞所说不正确。而且,九月庚申诛吕产,辛酉诛诸吕,符合当时事态的发展。施之勉所说为是。

五、考证日期

《汉书》原文:"九月,封故楚、赵傅相内史前死事者四人子皆为列侯。"⑤

① 施之勉:《汉书集释·景帝纪第五》,三民书局股份有限公司2003年版,第316页。
② 施之勉:《汉书集释·文帝纪第四》,三民书局股份有限公司2003年版,第208页。
③ 施之勉:《汉书集释·文帝纪第四》,三民书局股份有限公司2003年版,第208页。
④ 施之勉:《汉书集释·文帝纪第四》,三民书局股份有限公司2003年版,第208页。
⑤ 施之勉:《汉书集释·景帝纪第五》,三民书局股份有限公司2003年版,第308页。

钱大昭曰:“《功臣表》皆云四月丁巳封。”①

王先谦曰:“《史记》作夏。《表》是也。封下十九字,当在前胶东王下,传写者误移于此。”②

施之勉按曰:“《西汉年纪》封楚、赵傅相死事者四人子为列侯。荀《纪》建德子横,遽侯。王悍子弃之,新市侯。赵夷吾子周,商陵侯。张尚子当居,山阳侯。《侯表·考异》曰,《汉书》本《纪》书于九月。按,《汉书·功臣表》建德子横为遽侯,王悍子弃之为新市侯,赵夷吾子周为商陵侯,张尚子当居为山阳侯,并以四月乙巳封,而《史记·侯者表》亦同。当是《汉书》本《纪》误,今从《表》。”③

今按:施之勉根据《汉书·功臣表》的记载,结合《史记》的内容,在王先谦观点的基础上进行综合考证,认为“故楚、赵傅相内史前死事者四人子”“并以四月乙巳封”这个结论应该是比较稳妥的。施之勉并未针对钱大昭的“四月丁巳”发表看法,这体现了直接找到关键证据、不理会旁说的注释方法。

第三节 考证人物

历史人物往往是历史事件的中心,也是历史书写的主线。对历史人物的了解程度关系到对历史事件的认识深度。施之勉在《汉书集释》的按语中做了大量的补注与考释。从内容方面来说,《汉书集释》的按语在人物考证方面涵盖四个方面的内容,即考证姓氏、考证称谓、考证人名、补注人物。下面将择要进行介绍和评述。

一、考证姓氏

洪迈在《容斋随笔》中指出:“姓氏所出,后世茫不可考,不过证以史传,然要

① 施之勉:《汉书集释·景帝纪第五》,三民书局股份有限公司2003年版,第308页。
② 施之勉:《汉书集释·景帝纪第五》,三民书局股份有限公司2003年版,第308页。
③ 施之勉:《汉书集释·景帝纪第五》,三民书局股份有限公司2003年版,第308—309页。

《汉书》原文："九月，归太公、吕后，军皆称万岁。乃封侯公为平国君。"①

钱大昭曰："荀《纪》作平国君。"②

沈钦韩曰："《文选》注四十七引《楚汉春秋》云，上欲封侯公，匿不肯见。曰，此天下之辨士，所居倾国，故号平国君。"③

施之勉按曰："景祐本作君。叶梦得《避暑录话》，侯公说项羽事，《汉书》载本末不甚详。余家有汉金卿侯长君碑云，讳成，字伯盛，山阳防人。汉之兴也，侯公纳策，济太上皇于鸿沟之厄。谥安国君。曾孙鳙，封明统侯。光武中兴，玄孙霸为大司徒，封于陵侯。然后知高祖所以待侯公者亦不薄，唯不用之而已。汉之遗事，古书无复可见，而偶得于此，知藏碑不为无补也。"④

今按：施之勉引用了后世出土碑刻的内容，丰富了有关侯公的事迹，增加了应为"君"的可信度，但碑文中的"谥安国君"与传统说法"封平国君"有较大的出入。此外，"玄孙霸为大司徒，封于陵侯"也与传世文献有异。宋代赵明诚在《金石录》中收录了此碑文，并对这两个问题进行了考辨。赵明诚指出："欧阳公《集古录》云：'执法左右刺奸、五威司命，皆王莽时官。《侯霸列传》云，霸，莽时为随令，迁执法刺奸，而未尝为五威司命。后代伏湛为大司徒，封关内侯，既薨，光武下诏追封则乡侯；而此《碑》言封于陵侯，未知孰是。据《碑》言，刺奸、司命为光武时官，盖《碑》之谬。'余按《霸列传》，霸薨，追封则乡侯，至子昱改封于陵，而遂以霸为于陵侯，疑亦《碑》之误。又按《高祖纪》，侯公说项羽归太公、吕后，乃封侯公为平国君。今此碑言'安国'，既不同，而'平国君'乃生时称号，如娄敬为奉春君之类，《碑》以为谥，恐亦非是。又酺封明统侯，《汉书·功臣表》亦不载，不知碑何所据也。"⑤

① 施之勉：《汉书集释·高帝纪第一》，三民书局股份有限公司 2003 年版，第 87 页。
② 施之勉：《汉书集释·高帝纪第一》，三民书局股份有限公司 2003 年版，第 87 页。
③ 施之勉：《汉书集释·高帝纪第一》，三民书局股份有限公司 2003 年版，第 87 页。
④ 施之勉：《汉书集释·高帝纪第一》，三民书局股份有限公司 2003 年版，第 87 页。
⑤ 赵明诚著，刘晓东、崔燕南点校：《金石录》，齐鲁书社 2009 年版，第 131 页。

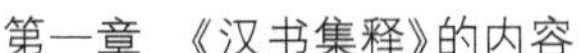

三、考证人名

历史人物往往有名、字、号等。特别是在西汉，重名的现象比较多，比如“婴”“食其”“充国”“破奴”“延寿”“延年”等。因此，史家在著述时难免会出现混淆人名的情况。对史书中的人名进行考证历来是史学文献研究的基本工作之一。下面以“俚”为例进行简要分析。

《汉书》原文：“立城阳孝王子俚为王。”①

如淳曰：“俚，音里。”②

王先谦曰：“鸿嘉二年，哀王云薨，无后故也。”③

施之勉按曰：“荀《纪》立城阳孝王子悝为王。又按，《通鉴》立城阳哀王弟俚为王。胡注，鸿嘉二年，哀王云薨，无后。《考异》曰，《汉纪》俚作悝，今从《汉书》。”④

今按：“俚”与“悝”字形相近，《汉纪》误抄的可能性比较大。在遇到此类问题时，施之勉以《汉书》的记载为准，这是比较妥当的。

四、补注人物

《汉书》为纪传体断代史，在不同的体裁中，对人物事迹与事态发展的记述有不同的侧重点。后世所编纂的史学类著作在一定程度上可以兼顾人物故事的完整性。对此，施之勉引用了《史记》和大量的后世著作，对《汉书》中的人物进行补注。

---

① 施之勉：《汉书集释 · 成帝纪第十》，三民书局股份有限公司 2003 年版，第 812 页。
② 施之勉：《汉书集释 · 成帝纪第十》，三民书局股份有限公司 2003 年版，第 812 页。
③ 施之勉：《汉书集释 · 成帝纪第十》，三民书局股份有限公司 2003 年版，第 812 页。
④ 施之勉：《汉书集释 · 成帝纪第十》，三民书局股份有限公司 2003 年版，第 812 页。

今按:颜师古注的重点不是补注张皇后,而是批评皇甫谧穿凿附会。王先谦则是针对颜师古注指出官本无"欲"字,而不是针对《汉书》原文。施之勉则引用《通典》的内容进行补注。施之勉所引用的内容可以补充有关张皇后的故事。《通典》尽管是后代的著作,但是可以备一说。

(四)高祖第四子

《汉书》原文:"高祖中子也。"①

施之勉按曰:"《西汉年纪》曰,《汉书》注云,高祖第四子。"②

第四节 考证制度

西汉时期的诸多制度在秦制的基础上得到进一步发展和完善。西汉时期是中国古代社会制度和统治秩序的形成期。尽管历代研究者将汉代制度作为研究重心,积累了大量的研究成果,但在一些细节问题上尚存争议。施之勉的按语充分反映了他的思想与见解。随着新出土简牍材料的陆续公布,一些制度的相关资料得以充实。下面将充分结合前人的研究成果,尽可能地利用新资料,对施之勉按语中涉及的汉代制度进行评述。

一、名讳

《汉书》原文:"孝昭皇帝,武帝少子也。"③

① 施之勉:《汉书集释·文帝纪第四》,三民书局股份有限公司 2003 年版,第 203 页。
② 施之勉:《汉书集释·文帝纪第四》,三民书局股份有限公司 2003 年版,第 203 页。
③ 施之勉:《汉书集释·昭帝纪第七》,三民书局股份有限公司 2003 年版,第 545 页。

荀悦曰："讳弗之字曰不。"①

王先谦曰："帝名弗陵。不讳陵，说见《武纪》。"②

钱大昭曰："按，昭帝初名弗陵。武帝后元二年，立皇子弗陵为皇太子是也。后但名弗，故讳弗，不讳陵。"③

黄本骥认为："昭帝名弗陵，以二名难避，且长、安、霸、阳、茂五帝陵号不可改也，但讳'弗'之字曰'不'。故云陵、平陵二县皆帝所置，不以为嫌，而霸陵、高陵等县皆仍其旧。"④

今按：当时是否严格避讳，是学界争议的话题。例如，刘毓崧认为《易林》不用"弗"字，是因为避讳西汉孝昭皇帝的名字。胡适指出："所以只能说：刘毓崧辛辛苦苦地列举《易林》不避汉讳的证据，使我们更相信汉人避讳的'法制尚疏阔'，故能实行'临文不讳'的古礼。"⑤也有人通过统计《易林》的用字认为，"弗"不止一次出现，共出现了 9 次，《易林》并没有避讳"弗"字。因此，我们不必以后代的避讳标准去看待汉初的记载。

二、官职

（一）将尉

《汉书》原文："胜、广素爱人，士卒多为用。将尉醉。"⑥

颜师古曰："将尉者，其官本尉耳。时领戍人，故为将尉。"⑦

《汉书补注》引吴仁杰曰："《左传》阖闾伤将指。《正义》谓大指为将指者，谓其将领诸指也。足之用力，大指为多，故足以大指为将指。于时有两尉，故以

① 施之勉：《汉书集释·昭帝纪第七》，三民书局股份有限公司 2003 年版，第 545 页。
② 施之勉：《汉书集释·昭帝纪第七》，三民书局股份有限公司 2003 年版，第 545 页。
③ 施之勉：《汉书集释·昭帝纪第七》，三民书局股份有限公司 2003 年版，第 545 页。
④ 黄本骥撰，刘范弟校点：《黄本骥集（一）》，岳麓书社 2009 年版，第 364 页。
⑤ 胡适：《两汉人临文不讳考》，载《图书季刊》1944 年第 1 期。
⑥ 施之勉：《汉书集释·陈胜项籍传第一》，三民书局股份有限公司 2003 年版，第 4722 页。
⑦ 施之勉：《汉书集释·陈胜项籍传第一》，三民书局股份有限公司 2003 年版，第 4722 页。

其大者为将尉,犹以大指为将指也。《晋语》祁奚为军尉,谓之元尉,亦以有佐尉故尔。将、元皆训大。”①

施之勉按曰:“《史记索隐》将尉,官也。《汉旧仪》大县三人,其尉将屯九百人,故云将尉也。”②

今按:从历代注释来看,学者对“将尉”有两种认识:一是认为“将尉”指官名;二是认为本官为“尉”。施之勉在按语中引用《史记索引》和《汉旧仪》,其按语囊括了以上两种观点。这主要涉及对“将”的理解。从传世文献和出土文献来看,《尉缭子·兵令下》记载道:“诸战而亡其将吏者,及将吏弃卒独北者,尽斩之。前吏弃其卒而北,后吏能斩之而夺其卒者,赏。”③睡虎地11号秦墓竹简记载道:“‘隶臣将城旦,亡之,完为城旦,收其外妻、子。子小未可别,令从母为收。’可(何)谓‘从母为收’?人固买(卖),子小不可别,弗买(卖)子母谓殹(也)。”④把“将”理解为动词是比较合理的,“将尉”是指负责押送戍卒的“尉”官。

(二)置相、二千石

《汉书》原文:“梁王以至亲故,得自置相、二千石,出入游戏,僭于天子。”⑤

施之勉按曰:“汉初王国,二千石以下吏,皆得自置,惟二千石则天子自命之。”⑥

今按:从《汉书》来看,似乎只有梁王“得自置相、二千石”。其实不然,施之勉所说为是。这在《汉书》中可以找到相关证据。如《汉书·百官公卿表第七上》记载道:“有太傅辅王,内史治国民,中尉掌武职,丞相统众官,群卿大夫都官

① 施之勉:《汉书集释·陈胜项籍传第一》,三民书局股份有限公司2003年版,第4722页。
② 施之勉:《汉书集释·陈胜项籍传第一》,三民书局股份有限公司2003年版,第4722页。
③ 尉缭原著,刘春生译著:《尉缭子全译》,贵州人民出版社1993年版,第106页。
④ 陈伟:《秦简牍合集(一上)》,武汉大学出版社2014年版,第243页。
⑤ 施之勉:《汉书集释·窦田灌韩传第二十二》,三民书局股份有限公司2003年版,第6001页。
⑥ 施之勉:《汉书集释·窦田灌韩传第二十二》,三民书局股份有限公司2003年版,第6001页。

如汉朝。"[①]又如,"汉初立诸王……又其官职,傅为太傅,相为丞相,又有御史大夫及诸卿,皆秩二千石,百官皆如朝廷"[②]。我们从新出土的简牍材料中也可以找到相应的佐证。《张家山汉墓竹简(二四七号墓)》记载道:"御史大夫,廷尉,内史,典客,中尉,车骑尉,大仆,长信詹事,少府令,备塞都尉,郡守、尉,卫将军,卫尉,汉中大夫令,汉郎中、奉常,秩各二千石。"[③]整理者指出,"汉,指朝廷,与诸侯国区别"[④],"汉郎中,应即郎中令"[⑤]。"《秩律》只有二千石条可能兼及汉官和王国官,千石以下各条则只及汉官,不及王国官。"[⑥]这从侧面反映了汉初王国"二千石以下吏,皆得自置"的情况。

三、刑罚

(一)颂系

《汉书》原文:"爵五大夫、吏六百石以上及宦皇帝而知名者、有罪当盗械者,皆颂系。"[⑦]

张晏曰:"时诸侯治民,新承六国之后,咸慕乡邑,或贪逸豫,乐仕诸侯,今特为京师作优裕法也。"[⑧]

如淳曰:"……颂者,容也,言见宽容但处曹吏舍,不入狴牢也。"[⑨]

颜师古曰:"……古者,颂与容同……"[⑩]

---

① 班固:《汉书·百官公卿表第七上》,中华书局1962年版,第741页。

② 范晔、司马彪撰,陈焕良、李传书标点:《后汉书(下)》,岳麓书社2008年版,第1279页。

③ 张家山二四七号汉墓竹简整理小组:《张家山汉墓竹简(二四七号墓)》,文物出版社2001年版,第192页。

④ 张家山二四七号汉墓竹简整理小组:《张家山汉墓竹简(二四七号墓)》,文物出版社2001年版,第193页。

⑤ 张家山二四七号汉墓竹简整理小组:《张家山汉墓竹简(二四七号墓)》,文物出版社2001年版,第193页。

⑥ 陈苏镇:《汉初王国制度考述》,载《中国史研究》2004年第3期。

⑦ 施之勉:《汉书集释·惠帝纪第二》,三民书局股份有限公司2003年版,第163页。

⑧ 施之勉:《汉书集释·惠帝纪第二》,三民书局股份有限公司2003年版,第163页。

⑨ 施之勉:《汉书集释·惠帝纪第二》,三民书局股份有限公司2003年版,第163页。

⑩ 施之勉:《汉书集释·惠帝纪第二》,三民书局股份有限公司2003年版,第163页。

沈钦韩曰:"此颂系,即唐律之散禁,非谓不入狴牢也。"[①]

王先谦曰:"官本注,陛作狴。是。荀《纪》盗械作刑械。颂系作容系。容、颂古通。颜、沈说是。"[②]

施之勉按曰:"《刑法志》颂系之。师古曰,颂读曰容。容,宽容之,不桎梏。"[③]

今按:施之勉将《刑法志》中颜师古补注的内容转录于此,并未对相关注解进行补充或评述。其实,《汉书》的《刑法志》和《惠帝纪》中分别出现"颂系"一词,颜师古均将其注解为"容系",即宽容对待之意。杨树达认为,"如颜说,则颂系二字不词,疑颂当如字读平音,即今松字也"[④]。陈直也持相同的观点,认为"颂系二字,即松系之假借"[⑤]。但"颂(容)系"作为一种刑法制度在古籍中多有记载,而"松系"一词却没有任何用例,因此杨树达、陈直之说难以成立。[⑥] 从"其著令:年八十以上,八岁以下,及孕者未乳,师、朱儒当鞠系者,颂系之"[⑦]这句话来看,"颂系"这种刑法制度并不是特别针对京师地区,除面向"爵五大夫、吏六百石以上及宦皇帝而知名者"等特殊阶层外,还关注老幼、孕妇等群体。关于如淳"入狴牢"的说法,沈家本认为:"如淳谓但处曹吏舍,颇与近世情形相似,凡府厅州县监中所收者,皆是已经画供之囚,其未定罪者,皆在外监或看守所,不在正监中。古法固不可以今法拟之,而如淳所言必非无据也。囚之著械,原是虑其逃亡;盗,逃也,故曰盗械。非必逃亡之人,始令著械,收系亦不必皆在狴牢。"[⑧]对于"颂系"之人免受刑具束缚这个问题,各家意见一致。不过,对于是否"入狴牢",各家有不同的看法,这一问题尚待进一步研究。[⑨]

---

① 施之勉:《汉书集释·惠帝纪第二》,三民书局股份有限公司2003年版,第163页。
② 施之勉:《汉书集释·惠帝纪第二》,三民书局股份有限公司2003年版,第163页。
③ 施之勉:《汉书集释·惠帝纪第二》,三民书局股份有限公司2003年版,第163页。
④ 杨树达:《汉书窥管》,湖南教育出版社2007年版,第113页。
⑤ 陈直:《汉书新证》,天津人民出版社1979年版,第15页。
⑥ 李艳红:《〈汉书〉中"颂系"不当看作"鬆系"》,载《励耘语言学刊》2015年第2期。
⑦ 班固:《汉书·刑法志第三》,中华书局1962年版,第1106页。
⑧ 沈家本撰,邓经元、骈宇骞点校:《历代刑法考 附寄簃文存(全四册)》,中华书局1985年版,第1481页。
⑨ 宋杰:《汉朝刑具拘系制度考述》,载《社会科学战线》2005年第1期。

(二)案责

《汉书》原文:“天子闻之,心不善。太后知帝弗善,乃怒梁使者,弗见,案责王所为。”①

施之勉按曰:“言案责,盖令使者籍记王过也。”②

今按:施之勉所言不正确。《史记》记载道:“下去疾、斯、劫吏,案责他罪。”③“案责他罪”是指以其他的罪名进行查实惩处。所谓“案责”,是指查究责备。此处应是指太后以拒绝接见梁国使者作为对梁王的惩罚。

第五节 考证史事

史事考证是历史研究的重要内容之一,书写者创作的目的是记录当时的历史或为后世提供借鉴。由于年代久远,相关辅助材料缺失,治史者不断地提出疑问和新的解释,积累了大量的史事考证成果。《汉书集释》的史事考证可以分为三个层次:一是对历代注释者的观点进行质疑,通过具体的考证,论证《汉书》原文无误;二是在一定材料的支撑下,对原文或书写者进行质疑;三是对难以理解的问题发表新的看法。这为我们理解《汉书》提供了重要的参考。

历代注释者在解读《汉书》时,对其中一些史事感到难以理解或觉得有误时,往往提出新的解释,理由往往是“误笔”“脱文”“衍文”等。但在没有明确证据的情况下,这些怀疑仅仅是疑问而已,注释者只是提出了新的看法。我们不能简单地以之为定论。下面以“封大功臣三十余人”“条侯周亚夫下狱死”“匈奴单于称臣”为例进行简要评述。

---

① 施之勉:《汉书集释·窦田灌韩传第二十二》,三民书局股份有限公司 2003 年版,第 6001 页。
② 施之勉:《汉书集释·窦田灌韩传第二十二》,三民书局股份有限公司 2003 年版,第 6001 页。
③ 司马迁:《史记·秦始皇本纪第六》,中华书局 2013 年版,第 340 页。

(二)陈非楚郡治

《汉书》原文:“兵车六、七百乘,骑千余,卒数万人。攻陈,陈守令皆不在。”①

颜师古曰:“守,郡守也。令,县令也。”②

刘攽曰:“案,秦不以陈为郡,何庸有守乎?疑衍皆字。又守者非正官,权守者耳。”③

王先谦《汉书补注》曰:“胡三省云,秦分天下为郡、县。郡置守尉监,县置令丞尉。原父以此守为权守之守,良是。迁、固二史作守令皆不在,《通鉴》作守尉皆不在。盖二史令下缺尉字,而《通鉴》尉上缺令字也。先谦案,陈是秦、楚郡治,故有守有令。颜说是也。汉为淮阳国治。”④

施之勉按曰:“《楚世家》灭楚名为楚郡云。梁氏曜北曰,此言始皇讳楚,故灭去楚之名,而于楚地置郡耳。《集解》孙检曰,秦虏楚王负刍,灭去楚名,以楚地为三郡,所说甚明。后人误读此文,遂谓《世家》之失,殊不知秦避庄襄王名,改楚为荆,岂有置楚郡之理。梁说是也。秦讳始皇名,改正月为端月,宁有灭楚后,始皇不讳其父名楚,而置楚郡乎?是秦无楚郡也。王说楚郡治陈,皆失之矣。”⑤

今按:施之勉从避讳的角度来探讨“楚郡”的名称不成立,因此,“陈非楚郡治”。笔者同意施之勉的见解。但施之勉所说的“王说楚郡治陈”这个观点并非出自王先谦。

---

① 施之勉:《汉书集释·陈胜项籍传第一》,三民书局股份有限公司2003年版,第4724页。
② 施之勉:《汉书集释·陈胜项籍传第一》,三民书局股份有限公司2003年版,第4724页。
③ 施之勉:《汉书集释·陈胜项籍传第一》,三民书局股份有限公司2003年版,第4724页。
④ 施之勉:《汉书集释·陈胜项籍传第一》,三民书局股份有限公司2003年版,第4724页。
⑤ 施之勉:《汉书集释·陈胜项籍传第一》,三民书局股份有限公司2003年版,第4725页。

二、地点

(一)砀

《汉书》原文:“葬砀,谥曰隐王。”①

施之勉按曰:“《大清一统志》砀县故城,在江苏徐州府砀山县南。《水经注》安山有陈胜墓。安山,砀北山也。”②

今按:砀,即今河南省永城市芒山镇。秦朝置砀县,砀县属砀郡,陈胜葬于砀。

(二)下相

《汉书》原文:“项籍,字羽,下相人也。”③

韦昭曰:“临淮县。”④

王先谦《汉书补注》曰:“今徐州府宿迁县西七里。”⑤

施之勉按曰:“《大清一统志》宿迁县,在徐州府东二百三十五里。春秋时钟吾子国,秦为下相县。下相,故城在宿迁县西,秦置县;汉属临淮郡。应劭云,相水出沛国相县,于水下流置县,故名下相也。《括地志》下相故城,在宿迁县西北十里。《旧志》下相社在县西七里。又有项王故城,在运河西三里。项羽里,在旧县治北一里。项羽井在宿迁县西。《伏滔西征记》在下相城。”⑥

今按:秦时设下相县,北齐废除。“下相”因置于古相水下游而得名,其城址

① 施之勉:《汉书集释·陈胜项籍传第一》,三民书局股份有限公司 2003 年版,第 4734 页。
② 施之勉:《汉书集释·陈胜项籍传第一》,三民书局股份有限公司 2003 年版,第 4734 页。
③ 施之勉:《汉书集释·陈胜项籍传第一》,三民书局股份有限公司 2003 年版,第 4739 页。
④ 施之勉:《汉书集释·陈胜项籍传第一》,三民书局股份有限公司 2003 年版,第 4739 页。
⑤ 施之勉:《汉书集释·陈胜项籍传第一》,三民书局股份有限公司 2003 年版,第 4739 页。
⑥ 施之勉:《汉书集释·陈胜项籍传第一》,三民书局股份有限公司 2003 年版,第 4739 页。

长安城不断变化的状况一一对应。上述三段按语也给读者展示了长安城的发展演变过程。施之勉引用的内容较为丰富。比如,对于"春正月,城长安",施之勉与前人的不同之处在于引用了杜佑的观点,明确惠帝所筑长安城在大兴城西北苑中。据史念海考证,汉代长安城北濒渭水营建,周回六十里,因未央宫与长乐宫并不整齐划一,南北两城墙都弯弯曲曲,城门的设置以《考工记》为蓝本。①

第七节　批评他注

历代为《汉书》作注的注家较多,由于各种学说存在分歧,讨论一直绵延不绝。除颜师古注、王先谦补注外,还有不少注家的成果并未收录进来,有些观点并未被评议。施之勉在《汉书补注》等的基础上对前人的注释进行评议,同时也吸收了近现代史学研究者的成果。下面将择要进行评议。

一、批评班固的《汉书》

(一)《汉书》夺文

《汉书》原文:"胶西群臣,或闻王谋,谏曰:诸侯地不能为汉十二、为叛逆以忧太后,非计也。今承一帝,尚云不易,假令事成,两主分争,患乃益生。王不听,遂发使约齐菑川、胶东、济南,皆许诺。"②

王先谦曰:"《史记》济南下有济北二字,则下文济北有根,本书夺文。"③

施之勉按曰:"《史记》皆许诺下,有而曰城阳景王有义,攻诸吕,勿与,事定分之耳数语。刘辰翁曰,而曰以下数语,是诸王策,其间有不从者,故先言后日

① 史念海:《汉代长安城的营建规模——谨以此文恭贺白寿彝教授九十大寿》,载《中国历史地理论丛》1998年第2期。

② 施之勉:《汉书集释·荆燕吴传第五》,三民书局股份有限公司2003年版,第4966页。

③ 施之勉:《汉书集释·荆燕吴传第五》,三民书局股份有限公司2003年版,第4967页。

所处,以说之耳。汉书去之谬甚。"①

今按:施之勉批评有理,《史记》记载了所诺之言,而《汉书》也提到"皆许诺",突然没有了下文。这使读者无从知道是何承诺,只能参考《史记》的记载才能明确。

(二)《汉书》脱文

《汉书》原文:"张汤以更定律令为廷尉,黯质责汤于上前,曰:公为正卿,上不能褒先帝之功业,下不能化天下之邪心,安国富民,使囹圄空虚,何空取高皇帝约束纷更之为。而公以此无种矣。"②

施之勉按曰:"《史记》安国富民,使囹圄空虚下有二者无一焉。非苦就行,放析就功三句。倪思曰,放析就功,殆枉以为直,破析苛碎,须要如己意以为功耳。"③

今按:施之勉将《史记》与《汉书》进行对比,前者多"二者无一焉""非苦就行""放析就功"三句。当然,施之勉的按语中也有误疑之处。例如,《汉书》记载道:"秋,匈奴盗边。遣将军韩安国屯渔阳。"施之勉按曰:"《韩安国传》及《百官表》安国以元光五年为中尉。岁余徙卫尉。此本于五年书安国为中尉,此处忽书卫尉韩安国为材官将军,而此上不书徙卫尉事,疑有脱文。"④《史记》记载道:"明年,匈奴大入边,杀辽西太守,及入雁门,所杀略数千人。车骑将军卫青击之,出雁门。卫尉安国为材官将军,屯于渔阳。"⑤《汉书》记载道:"明年,匈奴大入边。语在青传。安国为材官将军,屯渔阳,捕生口虏,言匈奴远去。"⑥从《史记》《汉书》的书写来看,个人事例详于专门列传,并在个别处进行略写。因此,施之勉在不当疑之处而误疑之。

① 施之勉:《汉书集释·荆燕吴传第五》,三民书局股份有限公司2003年版,第4966页。
② 施之勉:《汉书集释·张冯汲郑传第二十》,三民书局股份有限公司2003年版,第5831—5832页。
③ 施之勉:《汉书集释·张冯汲郑传第二十》,三民书局股份有限公司2003年版,第5832页。
④ 施之勉:《汉书集释·武帝纪第六》,三民书局股份有限公司2003年版,第357页。
⑤ 司马迁:《史记·韩长孺列传第四十八》,中华书局2013年版,第3444页。
⑥ 班固:《汉书·窦田灌韩传第二十二》,中华书局1962年版,第2406页。

二、批评荀悦的《汉纪》

(一)(成帝)七月大赦天下

《汉书》原文:"七月,大赦天下。"[①]

施之勉按曰:"《西汉年纪》秋七月,大赦天下。《考异》曰,荀《纪》作冬十有一月。""此赦为元帝葬而下也。元帝以七月葬,不应至十一月始赦也。荀《纪》误,今从《汉书》本《纪》。"[②]

今按:施之勉指出《汉纪》有误,这是有道理的。汉代皇帝驾崩之后,朝廷一般会在葬前举行新帝即位仪式,并进行大赦。如《汉书·哀帝纪》记载道:"绥和二年三月,成帝崩。四月丙午,太子即皇帝位,谒高庙……大赦天下。"[③]《汉书·成帝纪》记载道:"四月己卯,葬延陵。"[④]《汉书·平帝纪》记载道:"元寿二年六月,哀帝崩……秋七月,遣车骑将军王舜、大鸿胪左咸使持节迎中山王……九月辛酉,中山王即皇帝位,谒高庙,大赦天下。"[⑤]《汉书·哀帝纪》记载道:"秋九月壬寅,葬义陵。"[⑥]可见,哀帝、平帝即位及大赦均在先帝下葬之前。《汉书·成帝纪》记载道:"竟宁元年五月,元帝崩。六月己未,太子即皇帝位,谒高庙。"[⑦]由此可知,成帝于六月己未即位,而元帝于七月葬于渭陵。因此,虽然《汉书》未载明日期,但是"大赦天下"应在成帝即位之后、元帝下葬之前。这样才契合汉家制度。

---

① 施之勉:《汉书集释·成帝纪第十》,三民书局股份有限公司 2003 年版,第 764 页。
② 施之勉:《汉书集释·成帝纪第十》,三民书局股份有限公司 2003 年版,第 764 页。
③ 班固:《汉书·哀帝纪第十一》,中华书局 1962 年版,第 334 页。
④ 班固:《汉书·成帝纪第十》,中华书局 1962 年版,第 330 页。
⑤ 班固:《汉书·平帝纪第十二》,中华书局 1962 年版,第 347 页。
⑥ 班固:《汉书·哀帝纪第十一》,中华书局 1962 年版,第 344 页。
⑦ 班固:《汉书·成帝纪第十》,中华书局 1962 年版,第 302 页。

(二)(成帝)六月己未即位

《汉书》原文:"竟宁元年五月,元帝崩。六月己未,太子即皇帝位,谒高庙。"①

钱大昭曰:"己未,误,荀《纪》作乙未。"②

王先谦曰:"《通鉴》从《纪》作己未。"③

施之勉按曰:"本《纪》是,荀《纪》误也。《百官表》竟宁元年六月己未,侍中卫尉王凤为大司马大将军。《将相表》竟宁元年六月己未,卫尉阳平侯王凤为大司马大将军。据此,成帝即位,在六月己未矣。"④

今按:施之勉引证翔实,所说为是。

三、批评颜师古注

《汉书》原文:"魏人周市略地丰沛,使人谓雍齿曰:'丰,故梁徙也……'"⑤

臣瓒曰:"《史记》及《世本》毕万居魏,昭子徙安邑,文侯亦居之。《汲郡古文》云惠王之六年自安邑迁于大梁。"⑥

颜师古曰:"魏不常都于魏郡魏县,瓒说是也。其他则如文氏之释。"⑦

施之勉按曰:"上卷云,秦二年十月,沛公令雍齿守丰。十二月,魏人周市略地丰沛,使人谓雍齿曰,丰,故梁徙也。注文颖曰,晋大夫毕万封魏,今河东河北县是也。其后为秦所逼,徙都,今魏郡魏县是也。至文侯孙惠王畏秦,复徙都大梁,今浚仪县大梁亭是也。故世或言魏惠王,或言梁惠王。至孙假,为秦所灭,转东徙于丰。故曰丰,故梁徙也。按,据文颖说,魏王假为秦所灭,转东徙于丰。

① 施之勉:《汉书集释·成帝纪第十》,三民书局股份有限公司2003年版,第764页。
② 施之勉:《汉书集释·成帝纪第十》,三民书局股份有限公司2003年版,第764页。
③ 施之勉:《汉书集释·成帝纪第十》,三民书局股份有限公司2003年版,第764页。
④ 施之勉:《汉书集释·成帝纪第十》,三民书局股份有限公司2003年版,第764页。
⑤ 班固:《汉书·高帝纪第一上》,中华书局1962年版,第12页。
⑥ 班固:《汉书·高帝纪第一上》,中华书局1962年版,第13页。
⑦ 班固:《汉书·高帝纪第一上》,中华书局1962年版,第13页。

是自梁徙丰,当在始皇时矣。颜说非也。”①

今按:郑樵《通志·都邑略》记载道:“魏都魏地,迁于大梁。”据钱穆《史记地名考》记载,“魏地”有二,一为河北故城,二为河北魏县。②“魏都魏地”应指河北魏县。缪文远《战国制度通考》列“魏”为魏国都城之一。以上诸说可以证明施之勉的观点无误。

四、批评王先谦说

(一)王说失之

《汉书》原文:“元狩元年冬十月,行幸雍,祠五畤。获白麟,作《白麟之歌》。”③

王先谦曰:“据京房《易传》麟腹下黄耳。云白麟,非黄可知。颜说非也。麇身当作麕身,形近致误。歌载《郊祀志》。”④

施之勉按曰:“歌载《礼乐志》,王说失之。《礼乐志》云,朝陇首,览西垠,雷电尞,获白麟。爰五止,显黄德,图匈虐,熏鬻殛。辟流离,抑不详,宾百僚,山河飨。掩回辕,鬗长驰,腾雨师,洒路陂。流星陨,感惟风,籋归云,抚怀心。朝陇首,元狩元年,行幸雍,获白麟作。”⑤

今按:施之勉所言为是。

(二)王说袭谬

《汉书》原文:“发近县卒万六千人,发内史卒万五千人。”⑥

---

① 施之勉:《汉书集释·高帝纪第一》,三民书局股份有限公司2003年版,第154页。
② 钱穆:《史记地名考》,商务印书馆2001年版,第621—622页。
③ 施之勉:《汉书集释·武帝纪第六》,三民书局股份有限公司2003年版,第375页。
④ 施之勉:《汉书集释·武帝纪第六》,三民书局股份有限公司2003年版,第375页。
⑤ 施之勉:《汉书集释·武帝纪第六》,三民书局股份有限公司2003年版,第375—376页。
⑥ 施之勉:《汉书集释·文帝纪第四》,三民书局股份有限公司2003年版,第271页。

王先谦曰:"《百官表》内史,掌理京师之官,景帝更名京兆尹。"①

施之勉按曰:"《百官表》右内史,武帝太初元年,更名京兆尹。《史记索隐》误为景帝,《补注》不纠正而袭其谬,何也?"②

今按:"景帝"应当为"武帝",施之勉所言为是。

(三)王说非

1."以令史从,降沛为太仆"

《汉书》原文:"汝阴文侯夏侯婴,以令史从,降沛为太仆,常奉车。竟定天下。及全皇太子鲁元公,侯,六千九百户。"③

王先谦曰:"'降'当为'起'。《史表》亦误。"④

施之勉按曰:"《传》云,高祖之初与徒属攻沛也,婴时以县令史为高祖使。上降沛一日,高祖为沛公,赐婴爵七大夫,以为太仆。此与传文合,降不当为起。王说非。"⑤

今按:此云"降沛"而不是"起沛",足见史家用意之深。施之勉指出王先谦的补注有误。

2."张良、韩信次序兵法,凡百八十二家"

《汉书》原文:"天下既定,命韩信申军法。"⑥

王先谦曰:"《艺文志》汉兴,张良、韩信次序兵法,凡百八十三家删取要用,定著三十五家。"⑦

---

① 施之勉:《汉书集释·文帝纪第四》,三民书局股份有限公司2003年版,第271页。
② 施之勉:《汉书集释·文帝纪第四》,三民书局股份有限公司2003年版,第271页。
③ 施之勉:《汉书集释·高惠高后文功臣表第四》,三民书局股份有限公司2003年版,第1035页。
④ 班固撰,王先谦补注:《汉书补注(二)》,上海古籍出版社2008年版,第667页。
⑤ 施之勉:《汉书集释·高惠高后文功臣表第四》,三民书局股份有限公司2003年版,第1036页。
⑥ 施之勉:《汉书集释·高帝纪第一》,三民书局股份有限公司2003年版,第148页。
⑦ 施之勉:《汉书集释·高帝纪第一》,三民书局股份有限公司2003年版,第148页。

施之勉按曰:"《艺文志》汉兴,张良、韩信次序兵法,凡百八十二家,非百八十三家也。王应麟曰,李靖云,张良所学,《六韬》、《三略》是也;韩信所学,《穰苴》、《孙武》是也。光武诏报臧宫马武引《黄石公记》。《隋志》兵家有《三略》三卷。近世有《素书》一卷六章,曰原始,曰正道,曰本德宗道,曰求人之志,曰遵义,曰安乐。晁公武云,庬乱无统,盖采诸书成之。《初学记》又引黄石公阴谋秘法,按,《四库全书》总目兵家类《素书》一卷,旧本题黄石公撰,宋张商英注。后序称圯上老人以授张良子房。晋乱,有盗发子房冢,于玉枕中得之,始传人间。晁公武谓商英之言,世未有信之者。"①

今按:施之勉根据《汉书·艺文志》的记载认定王先谦的补注有误,并指出晁公武认为张商英关于《素书》的言说不足为信。

五、其他批评

(一)桓谭说无本

《汉书》原文:"高帝既出,其计秘,世莫得闻。"②

施之勉按曰:"《史记集解》桓谭《新论》,或云:陈平为高帝解平城之围,则言其事秘,世莫得而闻也。此以工妙踔善,故藏隐不传焉。子能权知斯事否。吾应之曰,此策乃反薄陋拙恶,故隐而不泄。高帝见围七日,而陈平往说阏氏,阏氏言于单于而出之,以是知,其所用说之事矣。彼陈平必言汉有好丽美女,为道其容貌天下无有。今困急,已驰使归迎取,欲进与单于。单于见此人,必大爱好之。爱之则阏氏日以远疏。不如及其未到,令汉得脱去,去亦不持女来矣。阏氏妇女,有妒媢之性,必憎恶而事去之。此说简而要及得其用,则欲使神怪,故隐匿不泄也。刘子骏闻吾言,乃立称善焉。按,《汉书音义》应说此事,大旨与桓论略同。不知是应全取桓论,或别有所闻乎。今观桓论,似本无说。"③

① 施之勉:《汉书集释·高帝纪第一》,三民书局股份有限公司2003年版,第148—149页。
② 施之勉:《汉书集释·张陈王周传第十》,三民书局股份有限公司2003年版,第5214页。
③ 施之勉:《汉书集释·张陈王周传第十》,三民书局股份有限公司2003年版,第5214页。

今按:施之勉在按语之后罗列了沈涛和黄震的观点,沈涛认为此说实始于唐,黄震认为这是张仪愚弄郑袖之故智,不足为奇。我们通过施之勉的按语可知,应劭或桓谭所处的时代已有此说,沈涛所说不正确,黄震的观点有一定的合理性。司马迁在作《史记》时,以“其计秘,世莫得闻”七字进行叙述,并非故弄玄虚。此外,匈奴对女性的审美观也是需要考虑的问题。比如,从面妆的角度来看,汉地主要承袭先秦时期的素妆;而对于匈奴来说,在汉武帝派遣霍去病还击匈奴、攻下河西走廊之后,匈奴人曾悲叹“失我焉支山,使我嫁妇无颜色”,可见匈奴女性长期以来用彩色颜料化妆。面妆色彩的差异程度反映了汉人与匈奴人对女性的审美观不同。由此可见,单于阏氏妒忌说的可信度较低。

(二)《史记正义》有误

《汉书》原文:“汉王稍收散卒,萧何亦发关中卒悉诣荥阳,战京、索间,败楚。”①

颜师古曰:“索,音山各反。”②

王先谦曰:“京,河内县,有大索、小索亭。详《志》。”③

施之勉按曰:“《水经·济水注》京有小索亭,《世语》以为本索氏兄弟居此。杨守敬曰,《史记·项羽本纪》正义引京氏说,京县有大索亭、小索亭。大、小索氏兄弟居之,故有大、小之号。余谓春秋即有索氏,后人以为大索。此则后之索氏兄弟所居,故号小索,以别于大索。《正义》所引有误,当以此注为正。”④

今按:施之勉引用杨守敬的观点,批评《史记正义》有误。大索城位于荥阳市老城区,小索城在荥阳市张楼村北,两城相距约2千米,均在索河之滨。大索城为索国故城,小索城始建于春秋之世,为索国后裔索氏兄弟所筑。⑤

① 施之勉:《汉书集释·陈胜项籍传第一》,三民书局股份有限公司2003年版,第4775页。
② 施之勉:《汉书集释·陈胜项籍传第一》,三民书局股份有限公司2003年版,第4775页。
③ 施之勉:《汉书集释·陈胜项籍传第一》,三民书局股份有限公司2003年版,第4775页。
④ 施之勉:《汉书集释·陈胜项籍传第一》,三民书局股份有限公司2003年版,第4775页。
⑤ 马世之:《中原古国历史与文化》,大象出版社1998年版,第35页。

（三）如淳说非

《汉书》原文："夫基事之元命，必与天下自新，其大赦天下。以建平二年，为太初元将元年。号曰陈圣刘太平皇帝。"①

李斐曰："陈，道也。言得神道圣者刘也。"②

如淳曰："陈，舜后。王莽，陈之后。谬语以明莽当篡立而不知。"③

韦昭曰："敷陈圣刘之德也。"④

颜师古曰："如、韦二说是也。"⑤

王先谦曰："官本无'元将'二字，引宋祁曰：'予案《王莽传》以谶文解释，当作太初元将元年，后人不晓四字为号，辄削去"元将"二字，非是。后得唐本，"元将"字果存。'胡三省云：'韦说不诡于正，如说则近于巫，颜以二说为是，将安从乎？'齐召南云：'宋说是也。太初是武帝年号，此时何至重纪？盖惑于术士之说，创立四字年号，以示更新，其后虽不施行，然后世四字年号，遂起于此。'"⑥

施之勉按曰："李、韦说是，如说非也。师古不达夏贺良等再受命之旨，故于三家之说，未能明辨。胡驳甚是。《莽传》云，甘忠可夏贺良谶书臧兰台，臣莽以为元将元年者，大将居摄改元之文也。此是莽欲假借忠可贺良谶文而图篡窃耳。其实汉再受命说，全为汉家，不为他姓。如以莽，陈之后，圣为舜，明莽当篡立，殊为谬误。韦说最明晰。盖唯圣人能受命，哀帝自为再获受命之符，因号陈圣刘太平皇帝也。"⑦

今按：施之勉进行了详尽的解说。《后汉书·光武帝纪第一》记载道："于是改号为太初元年，称'陈圣刘太平皇帝'，以厌胜之。"⑧

---

① 施之勉：《汉书集释·哀帝纪第十一》，三民书局股份有限公司 2003 年版，第 866 页。
② 施之勉：《汉书集释·哀帝纪第十一》，三民书局股份有限公司 2003 年版，第 866 页。
③ 施之勉：《汉书集释·哀帝纪第十一》，三民书局股份有限公司 2003 年版，第 866 页。
④ 施之勉：《汉书集释·哀帝纪第十一》，三民书局股份有限公司 2003 年版，第 866 页。
⑤ 施之勉：《汉书集释·哀帝纪第十一》，三民书局股份有限公司 2003 年版，第 866 页。
⑥ 班固撰，王先谦补注：《汉书补注（一）》，上海古籍出版社 2008 年版，第 466 页。
⑦ 施之勉：《汉书集释·哀帝纪第十一》，三民书局股份有限公司 2003 年版，第 867 页。
⑧ 范晔著，李贤注，司马彪撰志，刘昭注补：《后汉书》，中华书局 1965 年版，第 17 页。

(四)李治说非

《汉书》原文:"汉法,博望侯后期,当死,赎为庶人。广军自当,亡赏。"①

颜师古曰:"自当谓为虏所胜,又能胜虏,功过相当也。"②

王先谦曰:"军自当,《史记》作军功自如。如、当义同。"③

施之勉按曰:"师古云:自当谓为虏所胜,又能胜虏,功过相当也。李治曰:颜说非是。先言汉兵死者过半,明日复力战,不言胜负,何得为虏所胜,又能胜虏乎。盖广败衄,当诛,以骞失期后至,而广独与虏战,其功过相补。此谓亡赏。按,荀《纪》广骑略尽,独得以身免,亦杀虏三千余人。广既归,以其杀获自当,无罪无赏。是广将四千骑,杀虏三千余人,杀获自当。此颜注所谓为虏所胜,又能胜虏,功过相当也。李说非是。"④

今按:施之勉按语中所提及的李治,字仁卿,号敬斋,金正大七年(1230)登金进士第,辟知钧州事。元世祖至元二年(1265)召拜翰林学士,至元十六年(1279)卒于家中,年八十八,著有《敬斋古今黈》等。《四库全书总目提要》记载道:"其以黈名者,案《汉书·东方朔传》,黈纩充耳,所以塞聪。颜师古注曰:示不外听。冶殆以专精覃思,穿穴古今,以成是书,故有取于不外听之义欤。"⑤王先谦并未引此说,而是通过对"当"字的解释,赞同颜师古的观点。施之勉引用《汉纪》,使事件本身的记载更加翔实具体,也有力地证明了颜说无误。

(五)钱大昕说非,周寿昌说亦未尽也

《汉书》原文:"故常山丞相蔡兼为樊侯。"⑥

① 施之勉:《汉书集释·李广苏建传第二十四》,三民书局股份有限公司 2003 年版,第 6106 页。
② 施之勉:《汉书集释·李广苏建传第二十四》,三民书局股份有限公司 2003 年版,第 6107 页。
③ 施之勉:《汉书集释·李广苏建传第二十四》,三民书局股份有限公司 2003 年版,第 6107 页。
④ 施之勉:《汉书集释·李广苏建传第二十四》,三民书局股份有限公司 2003 年版,第 6107 页。
⑤ 纪昀:《四库全书总目提要》,河北人民出版社 2000 年版,第 3144 页。
⑥ 施之勉:《汉书集释·文帝纪第四》,三民书局股份有限公司 2003 年版,第 220 页。

钱大昕曰:"丞字,衍。"①

周寿昌曰:"丞字,非衍也。此故常山王之丞相也。《百官表》诸侯王国,景帝中五年,始改丞相曰相。此在文帝初,宜仍故称。《表》下书淮南丞相张苍为御史大夫,即其例。《功臣表》作常山相,无丞字,盖省文。"②

王先谦曰:"周说是。《史记》亦有丞字。"③

施之勉按曰:"钱说非,周说亦未尽也。《曹参传》高帝以长子肥为齐王,而以参为齐相国。孝惠帝元年,除诸侯相国法,更以参为齐丞相。《景纪》中五年八月,更名诸侯丞相为相。是诸侯王国,高帝时为相国,惠帝后称丞相,至景帝中五年,又更名相也。"④

今按:施之勉所论精当。

(六)齐召南说非

《汉书》原文:"上还至洛阳,赦韩信,封为淮阴侯。"⑤

齐召南曰:"此文追叙也。据《功臣表》,曹参等以十二月甲申封,而淮阴侯之封直至四月,则知此文为追叙矣。"⑥

施之勉按曰:"齐说非也。《史·高祖纪》六年十二月,人有上变事,告楚王信反。用陈平计,乃伪游云梦,会诸侯于陈,楚王信迎,即因执之。后十余日,封韩信为淮阴侯。是淮阴侯之封,在被执后十余日,不得在四月也。《史记·表》误,不足据。"⑦

今按:施之勉认为"《史记·表》误",因此齐召南关于追叙的说法并不成立。

---

① 施之勉:《汉书集释·文帝纪第四》,三民书局股份有限公司2003年版,第220页。
② 施之勉:《汉书集释·文帝纪第四》,三民书局股份有限公司2003年版,第220页。
③ 施之勉:《汉书集释·文帝纪第四》,三民书局股份有限公司2003年版,第220页。
④ 施之勉:《汉书集释·文帝纪第四》,三民书局股份有限公司2003年版,第220—221页。
⑤ 施之勉:《汉书集释·高帝纪第一》,三民书局股份有限公司2003年版,第110页。
⑥ 施之勉:《汉书集释·高帝纪第一》,三民书局股份有限公司2003年版,第110页。
⑦ 施之勉:《汉书集释·高帝纪第一》,三民书局股份有限公司2003年版,第110页。

(七)瓒与徐、杭、章四人之说皆非

《汉书》原文:“夏四月甲辰,帝崩于长乐宫。”①

臣瓒曰:“帝年四十二即位,即位十二年,寿五十三。”②

沈钦韩曰:“《史记》注引皇甫谧曰,高祖以秦昭王五十一年生,至汉十二年,年六十三。”③

杭世骏曰:“高祖生年乙巳,至是年丙午,当是六十二。”④

章学诚曰:“高祖十二年,岁在丙午,上距秦昭王五十一年乙巳,年六十二,不得云六十三。”⑤

施之勉按曰:“瓒与徐、杭、章四人之说,皆非也,唯谧说是。秦昭襄王五十一年,帝生一岁。五十六年,帝六岁。至孝文王元年,帝七岁。至庄襄王四年,帝十一岁。至始皇帝三十七年,帝四十八岁。至二世皇帝三年,帝五十一岁。帝在位十二年,六十三岁也。”⑥

今按:根据《中国史历日和中西历日对照表》,秦昭襄王五十一年至汉高祖十二年,只有六十二年。施之勉仅算出帝王年限,而忽略了帝位更迭在同一年时的特殊情况,即庄襄王四年与秦王政元年均为公元前246年。因此,皇甫谧之说不准确,杭世骏、章学诚之说正确。

(八)何焯说非

《汉书》原文:“冬十一月,行幸雍,祠五畤。”⑦

① 施之勉:《汉书集释·高帝纪第一》,三民书局股份有限公司2003年版,第145页。
② 施之勉:《汉书集释·高帝纪第一》,三民书局股份有限公司2003年版,第145页。
③ 施之勉:《汉书集释·高帝纪第一》,三民书局股份有限公司2003年版,第145页。
④ 施之勉:《汉书集释·高帝纪第一》,三民书局股份有限公司2003年版,第145页。
⑤ 施之勉:《汉书集释·高帝纪第一》,三民书局股份有限公司2003年版,第145页。
⑥ 施之勉:《汉书集释·高帝纪第一》,三民书局股份有限公司2003年版,第145页。
⑦ 施之勉:《汉书集释·成帝纪第十》,三民书局股份有限公司2003年版,第814页。

为王为三岁无疑。《外戚传》二岁,官本二作三,是也。陈说非。”①

今按:施之勉指出“从元延四年,数至绥和三年,恰为三年”,又指出官本《外戚传》“二作三”,这有力地证明了“陈说非”。

(十一)中井积德说未得

> 《汉书》原文:“汉卒十余万皆入睢水,睢水为之不流。汉王乃与数十骑遁去。语在《高纪》。太公、吕后间求汉王,反遇楚军;楚军与归,常置军中。”②

施之勉按曰:“《史记·项羽纪》欲过沛收家室而西。楚亦使人追之沛,取汉王家。家皆亡,不与汉王相见。汉王道逢得孝惠、鲁元,乃载行。楚骑追汉王,汉王急,推堕孝惠、鲁元车下。滕公常下收载之,如是者三。曰,虽急不可以驱,奈何弃之?于是遂得脱。求太公、吕后,不相遇。审食其从太公、吕后间行,求汉王,反遇楚军。楚军遂与归报项王,项王常置军中。唐顺之曰,叙汉王一家流离之状,如目见之。中井积德曰,孝惠时六岁,鲁元年已及笄;盖抱孝惠同载也。推堕之状可想,非投二婴于地。泷川资言曰,按,《夏侯婴传》云,汉王急,马罢,虏在后,常蹶两儿欲弃之。婴常收,竟载之。中说未得。”③

今按:施之勉的按语似乎不当。《汉书》详细地记述了此事。其文曰:“围汉王三匝。大风从西北起,折木发屋,扬砂石,昼晦,楚军大乱,而汉王得与数十骑遁去。过沛,使人求室家,室家亦已亡,不相得。汉王道逢孝惠、鲁元,载行。楚骑追汉王,汉王急,推堕二子。滕公下收载,遂得脱。”④但施之勉在此处借用泷川资言之语,也表达了反对中井积德的观点。

---

① 施之勉:《汉书集释·平帝纪第十二》,三民书局股份有限公司2003年版,第889页。
② 施之勉:《汉书集释·陈胜项籍传第一》,三民书局股份有限公司2003年版,第4774页。
③ 施之勉:《汉书集释·陈胜项籍传第一》,三民书局股份有限公司2003年版,第4775页。
④ 班固:《汉书·高帝纪第一上》,中华书局1962年版,第36页。

第八节 注释补注

施之勉在按语中除了明确提出考证意见之外,还进行了补注。补注有以下两种方式。

一是列出异文。

《汉书》原文:“七月,大赦天下。”①

施之勉按曰:“《西汉年纪》秋七月,大赦天下。《考异》曰,荀《纪》作冬十有一月。”②

二是多重引证。

《汉书》原文:“夏四月己亥晦,日有食之,既。”③

施之勉按曰:“《五行志》河平元年四月己亥晦,日有食之,不尽如钩,在东井六度。刘向对曰:四月交于五月,月同孝惠,日同孝昭。东井,京师地,且既,其占恐害继嗣。日蚤食时,从西南起。”“《西汉年纪·考异》曰,按,《五行志》云,日有食之,不尽如钩。又刘向云,且既。其占恐害继嗣。又帝报皇后书云,四月己亥,日蚀东井,转旋且索,与既无异。观此三者,则本纪以既书,盖误也。今不取,姑从《五行志》,以不尽如钩书焉。”④

施之勉一方面通过列出异文来表示存疑,另一方面进行多重引证,具有一定的倾向性。从举例中可以看出,施之勉赞同《西汉年纪·考异》的意见,寓已见于他引之中。这可以看作施之勉的重要贡献。

① 施之勉:《汉书集释·成帝纪第十》,三民书局股份有限公司 2003 年版,第 764 页。
② 施之勉:《汉书集释·成帝纪第十》,三民书局股份有限公司 2003 年版,第 764 页。
③ 施之勉:《汉书集释·成帝纪第十》,三民书局股份有限公司 2003 年版,第 778 页。
④ 施之勉:《汉书集释·成帝纪第十》,三民书局股份有限公司 2003 年版,第 779 页。

一、针对前人未注的内容进行补注

《汉书》原文:“甲戌晦,日有食之。”①

施之勉按曰:“《五行志》高帝三年十月甲戌晦,日有食之,在斗二十度燕地也。后二年,燕王臧荼反,诛。立卢绾为燕王,后又反,败。”②

《汉书》原文:“十一月癸卯晦,日有食之。”③

施之勉按曰:“《五行志》十一月癸卯晦,日有食之,在虚三度,齐地也。后二年,齐王韩信,徙为楚王,明年废为列侯,后又反诛。”④

今按:历代《汉书》注释者并未进行注释,施之勉引用《五行志》的内容进行补注。这对于理解《汉书》的记载内容无疑是有益的。但是,所补注的内容并无特别之处,为《汉书》中的内容。这会使人觉得有文字繁复之嫌。

二、针对王先谦的《汉书补注》进行补注

(一)“彗星出”

《汉书》原文:“彗星出,蝗虫起。此万世一时,而愁劳,圣人所以起也。”⑤

---

① 施之勉:《汉书集释·高帝纪第一》,三民书局股份有限公司2003年版,第77页。
② 施之勉:《汉书集释·高帝纪第一》,三民书局股份有限公司2003年版,第77页。
③ 施之勉:《汉书集释·高帝纪第一》,三民书局股份有限公司2003年版,第77页。
④ 施之勉:《汉书集释·高帝纪第一》,三民书局股份有限公司2003年版,第77页。
⑤ 施之勉:《汉书集释·荆燕吴传第五》,三民书局股份有限公司2003年版,第4966页。

王先谦曰:“《索隐》所谓殷忧以启明圣也。”①

施之勉按曰:“敦煌本《星占残卷》太白与荧或入羽林,吴楚反。”②

今按:施之勉引用敦煌文献,补充与《汉书》的记载相关的内容。敦煌写本中的星占残卷系法国伯希和于1908年取自敦煌千佛洞,伯希和回国后将所拍摄的相片底片十余种寄赠罗振玉,罗振玉于1913年进行影印。

(二)“使不羁之士,与牛骥同皂”

《汉书》原文:“使不羁之士,与牛骥同皂,此鲍焦所以愤于世也。”③

颜师古曰:“不羁,言才识高远不可羁系也。皂,历也。扬雄《方言》云,宋、齐、楚、燕之间谓历曰皂。皂,音在早反。”④

施之勉按曰:“张载《榷论》及其无事也,则牛骥共牢,利钝齐列。此言才与不才共位也。”⑤

今按:施之勉引用张载的《榷论》来揭示王先谦的观点。

(三)“日有食之”

《汉书》原文:“十一月癸卯晦,日有食之。”⑥

王先谦《汉书补注》曰:“《五行志》:在婺女一度。”⑦

施之勉按曰:“《五行志》文帝二年十一月癸卯晦,日有食之,在婺女一度。《史记·孝文纪》十一月晦,日有食之。十二月望,日又食。张守节《正义》曰,按,《说文》云,日蚀则朔,月蚀则望。而云晦日蚀之,恐历错误。徐广曰,此云望日又

---

① 施之勉:《汉书集释·荆燕吴传第五》,三民书局股份有限公司2003年版,第4966页。
② 施之勉:《汉书集释·荆燕吴传第五》,三民书局股份有限公司2003年版,第4966页。
③ 施之勉:《汉书集释·贾邹枚路传第二十一》,三民书局股份有限公司2003年版,第5912—5913页。
④ 施之勉:《汉书集释·贾邹枚路传第二十一》,三民书局股份有限公司2003年版,第5913页。
⑤ 施之勉:《汉书集释·贾邹枚路传第二十一》,三民书局股份有限公司2003年版,第5913页。
⑥ 施之勉:《汉书集释·文帝纪第四》,三民书局股份有限公司2003年版,第222页。
⑦ 班固撰,王先谦补注:《汉书补注(一)》,上海古籍出版社2008年版,第170页。

王先谦曰:"《史记》,孝文之中子也。余详《外戚传》。"①

施之勉按曰:"《西汉年纪考异》曰,此《史记》本纪所载也。《汉书》作文帝太子,《史记》以为中子。《史记》作三男,《汉书·外戚传》云,窦姬至代,代王独幸窦姬,生女嫖。孝惠七年,生景帝。代王王后生四男,先代王未入立为帝而正后卒。及代王为帝后,王后所生四男,更病死。以《汉书》之辞,较之《史记》所载,则史迁之用意深矣。今从《史记》。"②

今按:施之勉引用王益之的《西汉年纪考异》,没有交代本意,可能是为了对比《史记》和《汉书》。王益之遵从《史记》的记载。但施之勉说"史迁之用意深矣",则有过度臆测之嫌。汉景帝尽管是"中子",但是毕竟被立为"太子"。班固只是从皇位继承合法性的角度进行记载。

3. 班氏据他书增

> 《汉书》原文:"八月,沛公攻武关,入秦。秦相赵高恐,乃杀二世,使人来,欲约分王关中,沛公不许。九月,赵高立二世兄子子婴为秦王。子婴诛灭赵高,遣将将兵距峣关……张良曰:'秦兵尚强,未可轻。愿先遣人益张旗帜于山上为疑兵,使郦食其、陆贾往说秦将,啖以利。'"③

王先谦曰:"《史记》叙用张良计,说秦将,袭破武关,无破峣关事。此班氏据他书增。"④

施之勉按曰:"《史记·月表》云,破下峣及蓝田,《曹相国》、《绛侯》两世家皆云,攻武关、峣关,取之。破秦军于蓝田。《留侯世家》亦云,沛公欲以二万人击秦峣下军,秦将欲连和。良曰,不如因其解击之。沛公乃引兵击秦军,大破之,遂北至蓝田。是破峣关事,《本纪》虽未叙及,而详见于《表》及《世家》也。班氏殆据之而增耳。"⑤

今按:王先谦认为班固根据其他书的内容进行增补。通过施之勉的按语可

---

① 班固撰,王先谦补注:《汉书补注(一)》,上海古籍出版社2008年版,第199页。
② 施之勉:《汉书集释·景帝纪第五》,三民书局股份有限公司2003年版,第279页。
③ 班固:《汉书·高帝纪第一上》,中华书局1962年版,第21—22页。
④ 施之勉:《汉书集释·高帝纪第一》,三民书局股份有限公司2003年版,第35页。
⑤ 施之勉:《汉书集释·高帝纪第一》,三民书局股份有限公司2003年版,第35页。

知,班固应是根据《留侯世家》进行了增补。

4. 孟坚袭《史记》

《汉书》原文:“羽闻之,令其将击齐,而自以精兵三万人,从鲁出胡陵至萧,晨击汉军,大战彭城灵壁东睢水上,大破汉军,多杀士卒,睢水为之不流。”①

王先谦曰:“《项羽传》羽从萧,晨击汉军,而东至彭城,大破汉军。汉军皆走,迫之谷泗水。汉军皆南走山,楚又追击至灵壁东睢水上。叙次甚明。宜依《史记》彭城下加一及字,则不累于词。”②

施之勉按曰:“《史记·高祖纪》从鲁出胡陵,至萧,与汉大战彭城灵壁东睢水上,大破汉军,多杀士卒睢水为之不流。是孟坚仍袭《史记》原文,王氏未之察耳。”③

今按:通过文本对比,施之勉所说为是。王先谦提出的“叙次甚明”的评价,是针对此段描述本身,虽然并不适用于班固,但是也相当于对司马迁笔法的评价。

(二)用语评议

1. 如与而

《汉书》原文:“语曰:有白头如新,倾盖如故。”④

施之勉按曰:“《说苑》作白头而新,倾盖而故。而、如古字通用。白头而新,虽至老而交犹新也。作而字解,尤有意味。”⑤

① 施之勉:《汉书集释·高帝纪第一》,三民书局股份有限公司2003年版,第73页。
② 施之勉:《汉书集释·高帝纪第一》,三民书局股份有限公司2003年版,第73页。
③ 施之勉:《汉书集释·高帝纪第一》,三民书局股份有限公司2003年版,第73页。
④ 施之勉:《汉书集释·贾邹枚路传第二十一》,三民书局股份有限公司2003年版,第5896页。
⑤ 施之勉:《汉书集释·贾邹枚路传第二十一》,三民书局股份有限公司2003年版,第5896页。

2. 夙夜与宿夕

《汉书》原文:"吴王不肖,有夙夜之忧,不敢自外,使使臣谕其愚心。"①

施之勉按曰:"夙夜,《史记》作宿夕。刘辰翁曰,宿夕两字便深切,谓以夜继之也。"②

今按:施之勉引用刘辰翁的观点,认为"宿夕"比"夙夜"更贴切。在古代文献中,"夙夜"往往写为"宿夜"。例如,《管子·禁藏》记载道:"渔人之入海,海深万仞,就彼逆流,乘危百里,宿夜不出者,利在水也。"③由此可见,"夙"与"宿"可替换使用。又如,《战国策·赵策》说"不出宿夕",鲍彪注"夕,初夜",在古代文献中"夜"与"夕"字通,"夜"可用作"夕"。④ 综上,"夙夜"与"宿夕"相通,在古代文献中往往替换使用。

3. 绐与实

《汉书》原文:"高祖为亭长,素易诸吏,乃绐为谒曰贺钱万,实不持一钱"⑤

施之勉按曰:"绐字下用实字,得一正一反法。""自古英雄,不规规于小节,类如此。"⑥

今按:本段与《史记·高祖本纪》所载文字一致,"绐"乃欺诈、哄骗之意。《史记·项羽本纪》记载道:"项王至阴陵,迷失道,问一田父,田父绐曰:'左。'"由此可见,"绐"字在《史记》中多次使用,并没有特别用意。而从字义和行文来看,"高祖为亭长,素易诸吏,乃绐为谒曰贺钱万,实不持一钱"这句话比较自然。施之勉所说的"一正一反法"较难理解。司马迁用"绐"字更多的是突出刘邦的狡黠。

① 施之勉:《汉书集释·荆燕吴传第五》,三民书局股份有限公司 2003 年版,第 4964 页。
② 施之勉:《汉书集释·荆燕吴传第五》,三民书局股份有限公司 2003 年版,第 4964 页。
③ 纪昀:《四库全书》,吉林大学出版社 2011 年版,第 291 页。
④ 李今庸:《李今庸黄帝内经考义》,中国中医药出版社 2015 年版,第 209—210 页。
⑤ 施之勉:《汉书集释·高帝纪第一》,三民书局股份有限公司 2003 年版,第 11 页。
⑥ 施之勉:《汉书集释·高帝纪第一》,三民书局股份有限公司 2003 年版,第 11 页。

(三)书写评议

《汉书》原文:“今诚以吾众为天下倡,宜多应者。”①

施之勉按曰:“诈自称公子扶苏,项燕为天下倡一句,是一篇柱子。”②

今按:“一篇柱子”,常用于文学评论。此句评语最早出自茅坤。清人程馀庆指出“为天下倡”“四字一篇柱子”③。其所指内容是一致的。

《汉书》原文:“楚元王子,淮南三王,或不沐洗十余年,怨入骨髓。欲壹有所出久矣。”④

施之勉按曰:“此又写出楚,淮南恨意。”⑤

今按:施之勉应是对“不沐洗十余年,怨入骨髓”有感而发。

《汉书》原文:“胜乃立为王,号为张楚。”⑥

施之勉按曰:“景祐本无为字。曾国藩曰,张大楚,谓张而大之也,不宜以大楚连读。茅坤曰,陈涉自王,而四出兵徇地殊多,草草无纪律。或强不用命,辄自立。或击走即散。而太史公叙陈涉始末,亦只为纪陈涉首乱处。故自此以下,无章法脉络。”⑦

今按:“张楚”一词,最早见于《史记》。如《史记 · 秦始皇本纪第六》记载道:“七月,戍卒陈胜等反故荆地,为‘张楚’。”⑧《史记 · 高祖本纪第八》记载道:

---

① 施之勉:《汉书集释 · 陈胜项籍传第一》,三民书局股份有限公司 2003 年版,第 4719 页。
② 施之勉:《汉书集释 · 陈胜项籍传第一》,三民书局股份有限公司 2003 年版,第 4719 页。
③ 程馀庆:《历代名家评注 · 史记集说》,三秦出版社 2011 年版,第 704 页。
④ 施之勉:《汉书集释 · 荆燕吴传第五》,三民书局股份有限公司 2003 年版,第 4971 页。
⑤ 施之勉:《汉书集释 · 荆燕吴传第五》,三民书局股份有限公司 2003 年版,第 4972 页。
⑥ 施之勉:《汉书集释 · 陈胜项籍传第一》,三民书局股份有限公司 2003 年版,第 4726 页。
⑦ 施之勉:《汉书集释 · 陈胜项籍传第一》,三民书局股份有限公司 2003 年版,第 4727 页。
⑧ 司马迁撰,裴骃集解,司马贞索隐,张守节正义:《史记 · 秦始皇本纪第六》,中华书局 2013 年版,第 337 页。

粟多,不欲费民。民又益喜,唯恐沛公不为秦王。”①

施之勉按曰:“不受牛酒,虽小节耳,亦见沛公秋毫无犯处。然曰仓粟多,则萧何转输之功,亦因可见。”②

今按:施之勉所言并不完全准确。“不受牛酒”固然表明一种不扰民的姿态,但“仓粟多”可能并不是“萧何转输之功”。刘邦在总结萧何的功绩时,主要是针对萧何固守关中时的贡献。当时,萧何随刘邦西征秦地,并无稳固的后方补给基地。“仓粟多”是由于占领了秦官方仓廪。

(二)慕从者数万人

《汉书》原文:“羽使卒三万人从汉王,楚子、诸侯人之慕从者数万人,从杜南入蚀中。”③

施之勉按曰:“项王使卒三万人从,所以暗制汉王。然楚与诸侯之慕从者数万人,则人心归附,已有一天下气象矣。”④

今按:项羽派兵三万跟从刘邦,诚有压制刘邦之意;而数万“慕从者”,恐怕并不是完全自愿追随,可能带有某种目的或受到某种特殊利益的驱动。因为不论是《汉书》,还是《史记》,后文均言“至南郑,诸将及士卒多道亡归,士卒皆歌思东归”⑤。由此可见,这与“人心归附”恰恰相反,更无从谈起“一天下气象”。

(三)兵皆罢归家

《汉书》原文:“帝乃西都洛阳。夏五月,兵皆罢归家。”⑥

---

① 施之勉:《汉书集释·高帝纪第一》,三民书局股份有限公司 2003 年版,第 41 页。
② 施之勉:《汉书集释·高帝纪第一》,三民书局股份有限公司 2003 年版,第 41 页。
③ 施之勉:《汉书集释·高帝纪第一》,三民书局股份有限公司 2003 年版,第 61 页。
④ 施之勉:《汉书集释·高帝纪第一》,三民书局股份有限公司 2003 年版,第 62 页。
⑤ 司马迁:《史记·高祖本纪第八》,中华书局 2013 年版,第 461 页。
⑥ 施之勉:《汉书集释·高帝纪第一》,三民书局股份有限公司 2003 年版,第 95 页。

施之勉按曰:"高帝之得天下也,书兵罢归家。光武之中兴也,书罢郡国,车骑材官,复还民伍。其广大气象何如哉!"①

今按:历经长期战争取得统治地位的新政权,必将致力于改变战乱所带来的经济残破的局面。而消解过剩兵力、增加社会劳动力自然成为应有之义。因此,"兵皆罢归家"仅仅是刘邦面对当时局面所采取的措施之一。我们没有理由认为这就是一种"广大气象"。

三、人物评议

(一)诸老将定出范增上名

《汉书》原文:"怀王诸老将皆曰:项羽为人慓悍祸贼……前陈王、项梁皆败,不如更遣长者扶义而西,告谕秦父兄。"②

施之勉按曰:"扶义二字,前此无人道。师古云,扶,或云杖。倚任之意。按,刘、项得失,决于诸老将数语,此定出范增上名,惜史不传名耳。"③

今按:施之勉断言"诸老将定出范增上名",这过于武断。若能出范增之上,又何曾连名也留不下?关于"惜史不传名耳",诚如凌约言所说,"此出当时众人意,太史公以其意叙之,故曰诸曰皆,而不著姓名耳,可类见"④,何惜之有?

(二)辕生

《汉书》原文:"如此,则楚所备者多,力分。汉得休息,复与之战,破之必矣。"⑤

① 施之勉:《汉书集释·高帝纪第一》,三民书局股份有限公司2003年版,第95页。
② 施之勉:《汉书集释·高帝纪第一》,三民书局股份有限公司2003年版,第27页。
③ 施之勉:《汉书集释·高帝纪第一》,三民书局股份有限公司2003年版,第28页。
④ 施之勉:《汉书集释·高帝纪第一》,三民书局股份有限公司2003年版,第28页。
⑤ 施之勉:《汉书集释·高帝纪第一》,三民书局股份有限公司2003年版,第79页。

施之勉按曰:“备多力分之说,正胜楚之要机也。楚卒以此困,袁生其善谋哉。他日报功之典无闻焉,惜矣。”①

今按:《史记》作“袁生”。施之勉在集释诸家评议的基础上得出此语。但在施之勉的按语中,除“他日报功之典无闻焉,惜矣”之外,其余均为凌稚隆《史记评林》所言。从使用“袁生”一词来看,施之勉应是直接进行了抄录,但在按语中并未说明引自凌稚隆,这是不应该的。关于对辕生所言的评价,诚如《中国历代战争史》所言:“刘邦得辕生之计,乃立即改取主动与机动作战,率兵出武关,流动于宛叶间;又使英布收九江兵,大有在楚南翼采取攻击之势,以上为刘邦第一次采取之机动作战。在各个战斗上虽仍屡遭败北,但从整个战局看,则已获得主动权。”②至于“他日报功之典无闻”,辕生有可能已战死。施之勉在后文的按语中提到“郑忠之说即辕生所谓备多力分也”③。可见,这在当时实力对比与战争的形势下也是有识之士的共识。

当然,施之勉在评议方面也有不当之处,比如在引用时并未交代出处。举例如下。

《汉书》原文:“大司马咎、长史欣皆自到汜水上。”④

施之勉按曰:“咎与欣二狱掾耳,成皋所系何如者,而可徒以旧恩任耶。”⑤

今按:实际上,施之勉在按语中引用了凌稚隆《史记评林》中的相关内容。凌稚隆《史记评林》曰:“咎与欣二狱掾耳,成皋所系何如者,而可徒以旧恩任耶?”

施之勉的按语中还有过度臆测文意之处,例如关于“归功”的评述。

《汉书》原文:“以三千八百户,封青为长平侯。青校尉苏建为平陵侯,张次公为岸头侯。”⑥

① 施之勉:《汉书集释·高帝纪第一》,三民书局股份有限公司2003年版,第80页。
② 转引自韩兆琦:《史记笺证》,江西人民出版社2004年版,第710页。
③ 施之勉:《汉书集释·高帝纪第一》,三民书局股份有限公司2003年版,第81页。
④ 施之勉:《汉书集释·高帝纪第一》,三民书局股份有限公司2003年版,第82页。
⑤ 施之勉:《汉书集释·高帝纪第一》,三民书局股份有限公司2003年版,第83页。
⑥ 施之勉:《汉书集释·卫青霍去病传第二十五》,三民书局股份有限公司2003年版,第6170页。

施之勉按曰:“校尉有功,每冠以青,归功青也。”①

《汉书》原文:“校尉李朔、赵不虞、公孙戎奴,各三从大将军获王,封朔为陟轵侯,不虞为随成侯,戎奴为从平侯。将军李沮、李息,及校尉豆如意,中郎将绾,皆有功,赐爵关内侯。”②

施之勉按曰:“此四人功不同,故各叙。”“叙四将军功,而曰从大将军,再从大将军,三从大将军,各三从大将军,亦归功青也。”③

《汉书》原文:“合骑侯敖坐行留不与票骑将军会,当斩,赎为庶人。诸宿将所将士马兵亦不如去病……”④

施之勉按曰:“叙军功而曰从票骑,再从票骑,至封从骠侯,归功去病也。”⑤

从上面的按语可以看到,施之勉将“从×将军”解释为“为了归功于××”。但这种看法稍显狭隘。从当时的军事行动来看,有时兵分多路,士兵分别有统领。“从×将军”更多地是为了表明以统领为中心,使叙事层次和线索更加清晰。

总而言之,上述列举的内容较为全面地反映了《汉书集释》内容构成的情况。施之勉所提出的观点可以分为四类:一是订正前说;二是补充前说;三是其说不确;四是其说不详。

① 施之勉:《汉书集释·卫青霍去病传第二十五》,三民书局股份有限公司2003年版,第6170页。
② 施之勉:《汉书集释·卫青霍去病传第二十五》,三民书局股份有限公司2003年版,第6178页。
③ 施之勉:《汉书集释·卫青霍去病传第二十五》,三民书局股份有限公司2003年版,第6178页。
④ 施之勉:《汉书集释·卫青霍去病传第二十五》,三民书局股份有限公司2003年版,第6193页。
⑤ 施之勉:《汉书集释·卫青霍去病传第二十五》,三民书局股份有限公司2003年版,第6193页。

第二章 《汉书集释》的引书

——以“帝纪”为例

《汉书集释》作为训释《汉书》的著作,采摭众说,大量征引典籍中有关《汉书》的内容。然而,施之勉的视野并非局限于此,他在著书之际多处使用《史记》的相关研究成果,从多元化的角度丰富《汉书》的研究。施之勉不仅征引了先贤时人的著作,也征引了日本学者的观点,如有井范平、泷川资言等。本章以《汉书集释》的引书为研究对象,通过探讨《汉书集释》的引书情况,进一步研究《汉书集释》的引书特点与施之勉的学术倾向。由于《汉书》“帝纪”的大部分内容可与《史记》进行对比研究,更能体现施之勉的研究视野,本章以“帝纪”为例,对《汉书集释》的引书情况进行研究,总结《汉书集释》引书的类别、特点与作用。

第一节 《汉书集释》的史料征引类别

一、《汉书集释》引书的界定

《汉书》的研究史上共有两个较为集中地汇集前人及时人之说的著作问世,一个是唐代颜师古的《汉书注》,另一个是清代王先谦的《汉书补注》。这两个著作推动了《汉书》研究的发展。施之勉在王先谦的基础上进行《汉书》的集释,编著了《汉书集释》。作为集释之作,《汉书集释》成书的前提是征引大量的典籍著作。《汉书集释》所引典籍多数在流传,但是有少数著作是后世学者难以见到的。为了明确《汉书集释》的引书情况,我们需要对《汉书集释》的引书进行界定。

(一)引书篇目的确定

在《汉书集释》中,如果引书涉及书名,施之勉会明确标明书名,如“王楙《野客丛书》曰”“《史记索隐》曰”“《补注》王先谦曰”“葛洪《西京杂记》曰”等。但是如果涉及征引诸说,施之勉在多数情况下只说“某某曰”,如“师古曰”“何焯曰”“吴齐贤曰”“凌稚隆曰”“杨树达曰”等。除颜师古之说源自《汉书注》外,多数以“××曰”标明的观点散见于训释类、史评类与别集类著作中。此类征引比较复杂,有可以考证的,也有散见于他人之书而本源不可考的。因此,我们需要进行具体说明。

第一类是原书不见流传,只能凭借其他典籍流传的著作。

施之勉多通过颜师古的《汉书注》、凌稚隆的《汉书评林》《史记评林》,以及袁了凡、王凤洲的《纲鉴合编》等来征引此类著作。颜师古的《汉书注》多保存唐代和唐代以前训释《汉书》音义的成果。凌稚隆和袁了凡、王凤洲的著作中多保存明代和明代以前的史评类成果,其中明代的史评类成果较多。

> “晋灼曰:《功臣表》戚鳃也。王陵,安国侯王陵也。韦昭曰:汉封王陵为安国侯,初起兵时在南阳。南阳有穰县,疑襄当为穰,而无禾,字省耳。臣瓒曰:时韩成封穰侯,江夏有襄,是陵所封也。师古曰:戚鳃初从即为郎,以都尉守蕲城,非至丹水乃降也。此自一人耳,不知其姓。王陵亦非安国侯者。晋说非也。韦氏改襄为穰者,盖亦穿凿也。”①

晋灼、韦昭和臣瓒之说为颜师古的《汉书注》所引,晋灼、韦昭和臣瓒的相关著作在后世不见流传,施之勉只能凭借颜师古的《汉书注》进行征引。

第二类是原书流传、观点也可以查到的著作。对于这类观点,施之勉有时进行转引,有时直接从原书中征引。

> “王楙曰:按,唐丞相表叙刘氏所出云,太公名煓,字执嘉,生四子,伯、

① 施之勉:《汉书集释·高帝纪第一》,三民书局股份有限公司2003年版,第34页。

文《汉书辨正》、王钦若《册府元龟》、刘敬叔《异苑》、宋祁《汉书校说》、吕祖谦《大事记解题》、陈仁子《文选补遗》、真德秀《文章正宗》、陈埴《木钟集》、苏洵《嘉祐集》、叶梦得《避暑录话》、郑樵《通志》、杨时《史论》、司马光《资治通鉴》《通鉴考异》、程大昌《雍录》、刘敞《汉书刊误》、朱熹《楚辞集注》、吴曾《能改斋漫录》、欧阳修《新唐书》等。

元代:杨维桢《铁崖古乐府》、郝经《陵川集》等。

明代:凌稚隆《汉书评林》《史记评林》、李光缙《史记评林增补》、陈耀文《正杨》、顾炎武《日知录》、杨慎《丹铅余录》《升庵集》、陆世仪《思辨录辑要》、阎若璩《困学纪闻注》、唐顺之《荆川先生精选批点史记》、徐一夔《始丰稿》、何孟春《何燕泉史记评钞》、严衍《资治通鉴补》、黄省曾《五岳山人集》、敖英《绿雪亭杂言》、王世贞《弇州四部稿》、丘琼山《世史正纲》、王凤洲和袁了凡《纲鉴合编》、王韦《王钦佩史记评抄》、刘基《诚意伯文集》、李贽《藏书》、焦竑《国史经籍志》、詹惟修《汉书裒赡》、王三聘《古今事物考》等。

清代:王先谦《汉书补注》、梁玉绳《史记志疑》、齐召南《前汉书考证》、钱大昭《汉书辨疑》、周寿昌《汉书注校补》、吴齐贤《史记论文》、张文虎《校刊史记集解索隐正义札记》、杨守敬《水经注疏》、洪颐煊《诸史考异》《读书丛录》、沈家本《诸史琐言》、张熷《读史举正》、何焯《义门读书记》、翁元圻《困学纪闻注》、俞樾《茶香室续钞》、姚范《援鹑堂笔记》、沈钦韩《汉书疏证》、王念孙《读书杂志》、李慈铭《越缦堂读史札记》、全祖望《经史问答》、顾栋高《春秋大事年表》、陆世仪《思辨录辑要》、章诒燕《读史诤言》、王鸣盛《十七史商榷》、桂馥《札朴》、钱大昕《廿二史考异》、沈涛《铜熨斗斋随笔》、赵翼《廿二史札记》、杭世骏《史记考证》、章学诚《知非日札》、王荣商《汉书补注》、俞正燮《癸巳存稿》、方东树《汉学商兑》、翁元圻《翁注困学纪闻》、《大清一统志》等。

1912 年至今:杨伯峻《春秋左传注》、杨树达《汉书窥管》、刘咸炘《汉书知意》、陈直《汉书新证》、泷川资言《史记会注考证》等。

其他:对于颜师古《汉书注》保存的汉魏古注及凌稚隆《汉书评林》《史记评林》中保存的后世散佚的典籍,因为他们只说“某某曰”,我们难以查到出自何书,只能查出被何书所引,所以我们将此部分典籍列入“见××”,其余不能查明出处者,则列入“9. 其他”。具体如下。

1. 见颜师古《汉书注》:张晏、应劭、项氏、文颖、臣瓒、郑氏、如淳、孟康、服虔、李斐、晋灼、韦昭、苏林、李奇、郑氏、邓展、伏俨。

2. 见凌稚隆《汉书评林》:刘知几、王维桢、凌约言、许应元、吕祖谦、胡缵宗、王慎中、王祎、吴京、王安石、倪思、刘子翚。

3. 见凌稚隆《史记评林》:董份、王鏊、杨慎、凌约言、吴宽、霍韬、邵经邦、王九思、吴国伦、许相卿、闵如霖、唐海、王维桢、张之象、倪思、徐祯卿、余有丁、赵恒、林之奇、杨循吉。

4. 见王凤洲、袁了凡《纲鉴合编》:吕祖谦、丁南湖、赵雪航、尹起莘。

5. 见周寿昌《汉书注校补》:瞿鸿禨。

6. 见王先谦《汉书补注》:王启原、王先慎、苏舆、姚鼐、洪亮吉、陈景云。

7. 见裴骃《史记集解》:蔡邕。

8. 见朱熹《朱子语类》:柯维祺。

9. 其他:张岱、钟惺、金隐星、陈仁锡、吴齐、唐仲友、朱翌、卢璘、东方朔、万斯同、田艺衡、贺善、张齐贤、陈传良、田汝成、朱黼、张揖、徐中行、刘梦松、汪继培、徐天麟、谢铎、陈正齐、李心传、邵宝、王文濡、苏辙、曾国藩、丁谦、主父偃、朱一新、钱熙祚、皮日休、李梦阳、陈浩、段玉裁、马周、章樵、董仲舒、陈瓘、孙志祖、刘友益、吴养心、张栻、钱福。

第二节 《汉书集释》新征引史料的史源
——在《汉书补注》的基础上

王先谦在颜师古《汉书注》的基础上,吸收了颜师古保存的汉魏旧注,并主要搜集唐代以后至清代学者研究《汉书》的相关成果。其中所补充的唐代至清代以前的典籍有限,有注解类典籍,如司马贞的《史记索隐》、裴骃的《史记集解》、张守节的《史记正义》,有史籍类典籍,如《太平寰宇记》《舆地广记》等,有笔记小说类典籍,如洪迈的《容斋随笔》。但《汉书补注》所征引的典籍主要以清代学者的著作为主。

主要典籍包括萧该《汉书音义》、张佖《汉书校说》、宋祁《汉书校说》、刘敞《汉书刊误》、刘攽《汉书刊误》、刘奉世《汉书刊误》、吴仁杰《两汉刊误补遗》、王应麟《艺文志考证》、张照《汉书考证》、励宗万《汉书考证》、陈浩《汉书考证》、齐召南《汉书考证》、杭世骏《汉书考证》、张永祚《汉书考证》、顾炎武《日知录》、阎若璩《潜邱札记》、何焯《义门读书记》、全祖望《经史问答》《地理志稽疑》、王鸣盛《十七史商榷》、钱大昕《廿二史考异》《三史拾遗》《三统术衍》《三统术钤》、钱大昭《汉书辨疑》、陈景云《两汉订误》、李锐《三统术注》、钱坫《新斠注地理志》、姚鼐《惜抱轩笔记》、王念孙《读书杂志》、洪亮吉《四史发伏》、段玉裁《地理志校正》、刘台拱《汉学拾遗》、李赓芸《炳烛编》、沈涛《铜熨斗斋四史随笔》、洪颐煊《读书丛录》、汪远孙《地理志校本》、吴卓信《地理志补注》、梁玉绳《人表考证》、王引之《读书杂志》、沈钦韩《汉书疏证》、徐松《西域传补注》《地理志集释》、翟云升《校正古今人表》、周寿昌《汉书注补正》、汪士铎《汉志释地略》、陈澧《地理志水道图说》、李光廷《汉西域图考》、张文虎《舒艺室随笔》、成蓉镜《史汉骈枝》、俞樾《湖楼笔谈》。①

从张照至俞樾都是清代的学者。可以说,王先谦主要是在颜师古《汉书注》的基础上补充了清代学者的研究成果。施之勉吸收了《汉书补注》的成果,并在其基础上进一步扩大引书范围。施之勉主要从以下三个方面对《汉书补注》进行补充。

一是魏晋至宋元时期的著作。

《拾遗记》,东晋王嘉著,该书所记内容多诡怪。

《西京杂记》,东晋葛洪著,该书主要记载西汉时期的逸事传闻。

《异苑》,南朝宋刘敬叔著,此为志怪小说集,多记述神怪之事。

《金楼子》,南朝梁萧绎著,今四库全书本由《永乐大典》辑出,此书以随感札记形式记古今见闻之事,可补史籍记载之阙。

《懒真子》,宋马永卿著,该书为笔记体著作,书中包含历代史实杂事。

《野客丛书》,宋王楙著,该书以考辨典籍、记述历代轶事为主,可与史籍互补。

《会昌一品集》,唐李德裕著,书中所记内容多为诏诰。

《文章正宗》,宋真德秀著,该书主要记载了汉代及汉代以前的公文。

《木钟集》,宋陈埴著,该书采取问答形式,阐发儒家思想。

《嘉祐集》,宋苏洵著,苏洵文集。

① 班固撰,王先谦补注:《汉书补注(一)》,上海古籍出版社 2008 年版,第 1—4 页。

《避暑录话》,宋叶梦得著,主要记载唐宋两代的历史掌故、典章制度和名人轶事,兼及文学、考古、地理等方面。

《通志》,宋郑樵著,该书为纪传体通史,书中包括纪、传(内含世家、载记)、略、年谱等,内容较为丰富。

《楚辞集注》,宋朱熹著,该书吸收《楚辞章句》和《楚辞补注》的训释成果,对《楚辞》进行集注。

《能改斋漫录》,宋吴曾著,该书为笔记体著作,对名物、史事、典故多有考证。

二是明代的著作。

《汉书评林》,明凌稚隆著,该书为史评类著作,汇集历代研究《汉书》的成果,其中多保存后代散佚的明代学人之说,较为珍贵。施之勉多通过《汉书评林》征引明人之说。

《史记评林》,明凌稚隆著,该书为史评类著作,汇集了从晋代至明代近150人的评论,引用书目达140余种。[①] 施之勉在补注的过程中多将《史记》与《汉书》进行对比,《史记评林》常被施之勉征引。

《史记评林增补》,明李光缙著,主要对凌稚隆的《史记评林》进行增补和评点。

《纲鉴合编》,明王凤洲、袁了凡著。该书为袁了凡的《袁了凡纲鉴》与王凤洲的《纲鉴会纂》的合编本,作为编年体史书,具有历史价值。同时,书中还保存了明人研究《史记》《汉书》的大量成果,这些成果较为重要。

《鹿门先生批点汉书》,明茅坤著,其号鹿门,故曰“鹿门先生”,该书为《汉书》评点类著作。

《丹铅余录》,明杨慎著,该书为笔记体著作,考证诸书异同。

《升庵集》,明杨慎著,该书为诗文别集,其中包含部分考辨异同的文章。

《正杨》,明陈耀文著,该书为笔记类著作,主要订正杨慎之说讹误之处。

《史记测义》,明陈子龙、徐孚远著,书中对史实、注文多有订正。

《荆川先生精选批点史记》,明唐顺之著,评点《史记》文义。

《始丰稿》,明徐一夔著,其中多有考证之杂文。

---

① 张大可:《司马迁评传》,南京大学出版社1994年版,第477页。

是施之勉《汉书集释》引书的特色之一。施之勉《汉书集释》的独特性还在于汇集了《汉书补注》未收录的清代研究成果及现当代有关《汉书》的研究成果。

第三节 《汉书集释》引书的特点

施之勉所征引的典籍涵盖经、史、子、集四部,施之勉大量引用史部文献来训释文义。施之勉推崇凌稚隆所著的《汉书评林》和《史记评林》。《汉书评林》和《史记评林》中包含众多明代人对《汉书》和《史记》进行训释的成果。施之勉在集释的过程中,不仅征引了凌稚隆的观点,也引用了凌稚隆引述他人的观点。同时,施之勉注重在笔记小说中钩稽与《汉书》相关的内容,从而扩大取材的范围。

一、注重史部文献

《汉书》为史籍类著作,与训诂、注解文义等相关的研究成果多汇聚在史部文献中。施之勉在集释的过程中注重运用这类文献。由于《史记》与《汉书》在"纪"这一部分多可互相参证,施之勉也注重征引有关《史记》的研究成果。

首先,施之勉运用史书,如《史记》《资治通鉴》等,补充史实,阐发文义。举例如下。

《汉书》原文:"上已封大功臣三十余人。"①

施之勉按曰:"《史记·高祖功臣表》六年十二月封十人,正月封十九人,合韩信三十人。"②

今按:施之勉运用《史记》对《汉书》所记载的"三十"做史实补充。

① 施之勉:《汉书集释·高帝纪第一》,三民书局股份有限公司2003年版,第114页。
② 施之勉:《汉书集释·高帝纪第一》,三民书局股份有限公司2003年版,第114页。

《汉书》原文:“冬,遣大鸿胪田广明击益州。”[1]

施之勉按曰:“《通鉴》西南夷姑缯、叶榆复反,遣水衡都尉吕辟胡将益州兵击之。辟胡不进,蛮夷遂杀益州太守。乘胜与辟胡战,士战及溺死者四千余人。冬,遣大鸿胪田广明击之。”[2]

今按:此处即是《资治通鉴》补充“田广明击益州”的史实。

其次,施之勉引用注释类典籍。颜师古的《汉书注》保存了大量的汉魏时期的古注,如文颖、如淳、李奇、韦昭等训释《汉书》的注解。在后世流传过程中,这些古注多凭借颜师古的《汉书注》得以保存。这些古注产生的年代距离《汉书》较近,对于训释字义具有相当重要的参考价值。王先谦的《汉书补注》就是在颜师古《汉书注》的基础上增补诸说的。施之勉依然重视对颜师古《汉书注》的采纳与吸收。除对训诂之作进行征引外,施之勉也引用了疏证文义之作,如《史记正义》《史记索隐》《汉书补注》《汉书注校补》等。

《汉书》原文:“秦泗川守壮,兵败于薛,走至戚,沛公左司马得杀之。”[3]

《史记索隐》曰:“颜师古云得司马之名,非也。按,后云左司马曹无伤。自此已下更不见替易处。盖是左司马无伤得泗川守壮而杀之。”[4]

今按:颜师古认为“得”为司马之名,《史记索隐》认为颜师古的观点有误,指出“左司马”当连读,为曹无伤。

再次,在正史类文献中,施之勉征引了众多评述《史记》和《汉书》的专著,如《史记评林》《汉书评林》《史记论文》《汉书辨疑》等,其内容主要是阐发文义。而对于以诸史为研究对象的史评类著作,如《读史管见》《诸史考异》《读史举正》等,施之勉也较为关注,并将它们与具体考释的成果进行并列处理。

---

① 施之勉:《汉书集释 · 昭帝纪第七》,三民书局股份有限公司 2003 年版,第 559 页。
② 施之勉:《汉书集释 · 昭帝纪第七》,三民书局股份有限公司 2003 年版,第 559—560 页。
③ 施之勉:《汉书集释 · 高帝纪第一》,三民书局股份有限公司 2003 年版,第 24 页。
④ 施之勉:《汉书集释 · 高帝纪第一》,三民书局股份有限公司 2003 年版,第 25 页。

《汉书》原文:“建始元年春正月乙丑,皇曾祖悼考庙灾。”①

凌稚隆曰:“按,以下历纪灾异,盖汉至元成中衰之渐,故妖孽之屡见如此。”②

今按:施之勉所引用的凌稚隆的观点出自《汉书评林》。

《汉书》原文:“食其说沛公袭陈留。沛公以为广野君,以其弟商为将,将陈留兵。”③

张熷曰:“郦食其说沛公袭陈留下,《史记》有得秦积粟四字,甚要,《汉书》去之,非是。”④

今按:施之勉所引用的张熷的观点出自《读史举证》,张熷通过对比《汉书》与《史记》发现,《汉书》缺少“得秦积粟”四个字,应进行补充。

最后,对于《太平寰宇记》《舆地广记》《水经注疏》等地理类著作的征引,虽然征引的数量少于其他类著作,但是它们也是史部文献的重要组成部分。

《汉书》原文:“乃闭城城守。”⑤

施之勉按曰:“《寰宇记》下城字作拒。”⑥

今按:《寰宇记》即《太平寰宇记》。施之勉将《太平寰宇记》作为参考。

《汉书》原文:“吕后兄周吕侯,将兵居下邑,汉王往从之。”⑦

施之勉按曰:“《水经·获水注》楚汉彭城之战,吕后弟周,军于下邑。高祖

① 施之勉:《汉书集释·成帝纪第十》,三民书局股份有限公司2003年版,第764页。
② 施之勉:《汉书集释·成帝纪第十》,三民书局股份有限公司2003年版,第765页。
③ 施之勉:《汉书集释·高帝纪第一》,三民书局股份有限公司2003年版,第31页。
④ 施之勉:《汉书集释·高帝纪第一》,三民书局股份有限公司2003年版,第32页。
⑤ 施之勉:《汉书集释·高帝纪第一》,三民书局股份有限公司2003年版,第21页。
⑥ 施之勉:《汉书集释·高帝纪第一》,三民书局股份有限公司2003年版,第21页。
⑦ 施之勉:《汉书集释·高帝纪第一》,三民书局股份有限公司2003年版,第74页。

败,还从周军。杨守敬曰,全氏谓是吕后兄,且是周吕侯名。”①

二、钩稽子部、集部文献

子部文献内容较为庞杂,这一类典籍所论内容涉及古代文化,与史部文献不同,考证训释只是子部文献研究的一部分。如前所述,《汉书集释》的“纪”这一部分所征引的子部文献包括杂家类、小说家类、儒家类和类书类。集部别集类文献也有此特点,由于其自身并不是论史专著,学者在研究史籍时容易遗漏。虽然子部、集部文献在数量上不及史部文献,但是其研究价值不逊于论史专著。施之勉在进行集释时注意钩稽子部、集部文献中有关《史记》和《汉书》的内容。从取材上来说,这拓展了训释《汉书》的范围。

杂家类著作多为学术札记,其内容或者是专题性的,或者是条目式的。杂家类著作较少有前后统一的系统性论述,如《容斋随笔》《日知录》《义门读书记》《援鹑堂笔记》等。

《汉书》原文:“已而有娠,遂产高祖。”②

姚范曰:“余按,《后书》娠字皆作妊。”③

今按:施之勉所引用的姚范的观点出自《援鹑堂笔记》。

对于小说家类著作,施之勉多选取记载奇闻逸事的笔记小说集,如《酉阳杂俎》《西京杂记》《异苑》《拾遗记》等。

《汉书》原文:“乃前,拔剑斩蛇。”④

《酉阳杂俎》曰:“汉帝相传以秦王子婴所奉白玉玺。高祖斩白蛇剑。剑上皆用七彩珠九华玉以为饰,杂厕五色琉璃为剑匣。剑在室中,其光景犹照于外,

① 施之勉:《汉书集释·高帝纪第一》,三民书局股份有限公司2003年版,第74页。
② 施之勉:《汉书集释·高帝纪第一》,三民书局股份有限公司2003年版,第7页。
③ 施之勉:《汉书集释·高帝纪第一》,三民书局股份有限公司2003年版,第7页。
④ 施之勉:《汉书集释·高帝纪第一》,三民书局股份有限公司2003年版,第16页。

与挺剑不昧。十二年一如磨砻，刃上常若霜雪。开匣拔鞘，辄有风气，光彩射人。"①

今按：施之勉引用《酉阳杂俎》的内容来补充"斩白蛇"的细节，从文学角度展示了斩蛇之剑的特殊性。

儒家类文献征引数量不多，仅有《思辨录辑要》《法言》等。

《汉书》原文："八月，初为算赋。"②

陆世仪曰："古者有田则有赋，有身则有役，未有税其身者。汉高帝四年，初为算赋。民年十五以上出一赋，人百二十钱为一算，至五十六而除。二十而傅，给徭役，亦五十六而除。是一人之身，役之兼税之也。后世因之，计口出财，谓之曰户口。"③

今按：施之勉所引用的陆世仪阐发算赋的观点出自《思辨录辑要》。

对于类书类著作，施之勉征引了《太平御览》《艺文类聚》《册府元龟》等。对于类书编纂，编纂者需要摘录诸多文献的内容，按照一定的类别纲目进行汇编。类书保存了众多文献资料。多数亡佚的典籍就是凭借类书得以留存至今的。

《汉书》原文："建始以来，王氏始执国命，哀、平短祚，莽遂篡位，盖其威福所由来来者渐矣。"④

施之勉按曰："《御览》八十九《帝王世纪》曰，成帝庙名池阳。又，扬雄《酒赋》叙曰，汉孝成皇帝好酒，雄作《酒赋》以讽之。"⑤

今按：施之勉征引《太平御览》，运用《帝王世纪》和《酒赋》对成帝在位短暂的原因进行补充。

---

① 施之勉：《汉书集释・高帝纪第一》，三民书局股份有限公司2003年版，第17页。
② 施之勉：《汉书集释・高帝纪第一》，三民书局股份有限公司2003年版，第85页。
③ 施之勉：《汉书集释・高帝纪第一》，三民书局股份有限公司2003年版，第86页。
④ 施之勉：《汉书集释・成帝纪第十》，三民书局股份有限公司2003年版，第846页。
⑤ 施之勉：《汉书集释・成帝纪第十》，三民书局股份有限公司2003年版，第846—847页。

别集类文献多为个人文史作品的结集,如《铁崖古乐府》为杨维桢的诗文集,《升庵集》汇集了杨慎的诗文。虽然《升庵集》侧重于文学,但其中也有很多史论性观点。

《汉书》原文:“增怒,撞其斗,起曰:吾属今为沛公虏矣!”①

杨维桢曰:“天迷关,地迷户,东龙白日月西龙雨,撞钟饮酒愁海翻,碧火吹巢双猰貐。照天万古无二乌,残星破月开天余。座中有客天子气,左股七十二子连明珠。军声十万振屋瓦,拔剑当人面如赭。将军下马力排山,气卷黄河酒中泻。剑光上天寒彗残,明朝画地分河山。将军呼龙将客走,石破青天撞玉斗。”②

今按:施之勉引用杨维桢的诗文来训释“撞其斗”,使人物情绪更加鲜活地表现出来。

三、转引他说

《汉书集释》中多有转引他说的地方,其转引他说所用典籍为颜师古的《汉书注》、凌稚隆的《汉书评林》《史记评林》,以及王凤洲、袁了凡的《纲鉴合编》和王先谦的《汉书补注》。

《汉书评林》《史记评林》是凌稚隆的代表作,自成书之日起即受到了学者们的重视。其突出特点是保存了明代人考证训释《汉书》和《史记》的大量观点,部分观点在现在已经见不到了。在施之勉引述的众多典籍中,凌稚隆的《汉书评林》和《史记评林》占据了一定的篇幅。

《汉书》原文:“母媪。尝息大泽之陂,梦与神遇。是时雷电晦冥,父太公往视,则见交龙于上。”③

---

① 施之勉:《汉书集释 · 高帝纪第一》,三民书局股份有限公司 2003 年版,第 44 页。
② 施之勉:《汉书集释 · 高帝纪第一》,三民书局股份有限公司 2003 年版,第 44—45 页。
③ 施之勉:《汉书集释 · 高帝纪第一》,三民书局股份有限公司 2003 年版,第 5 页。

凌稚隆曰："按，母媪连下读，方与下文父太公往视句法相对。"①

茅坤曰："事虽幻而叙次亦错落。"②

凌稚隆曰："按，孟坚，汉人也。首纪汉世系，而不书太公何名，刘媪何氏。岂高祖民间崛起，湮无闻，而当时又未遑典礼之事，后世遂无从证欤。据皇甫谧有云太公名执嘉，又名煓，媪姓王氏。"③

今按：此处凌稚隆及茅坤评论高祖母"梦与神遇"而生高祖之语，出自凌稚隆的《汉书评林》。

《汉书》原文："六月，汉王还栎阳。壬午，立太子，赦罪人。令诸侯子在关中者，皆集栎阳为卫。"④

刘辰翁曰："惠帝六岁而高祖立之，此一时权宜，为系人心计耳。""集诸侯子，此与劫五诸侯意同。"⑤

何孟春曰："汉王败彭城下，诸侯叛汉归楚。王至荥阳，楚攻之急，乃迁栎阳。立子盈为太子，以系人心，知有国之本矣。复如荥阳，命萧何侍太子守关中，立宗庙社稷。史称帝规模宏远，岂待定天下后而始见之。帝此举萃聚天下于涣散之时，使根深本固，可战可守，于取天下，盖万全矣。彼暗哑扛鼎之徒，挟妻子欲与决一战之雌雄者，固非其对也。"⑥

今按：此处施之勉所引用的刘辰翁的观点出自《汉书评林》，而所引用的何孟春的观点出自《史记评林》。

综上所述，《汉书集释》引书的特点主要体现在以下两个方面。一是《汉书集释》充分吸收了王先谦《汉书补注》的引书成果，并在此基础上从清代以前的著作、王先谦未征引的清代人的著作、清代以后的著作三个方面进行补充，极大地丰富了引书的内容。二是在引书的种类方面，《汉书集释》在重点引述史部文献的同时，注重搜集子部文献，极大地丰富了引书的种类。

---

① 施之勉：《汉书集释·高帝纪第一》，三民书局股份有限公司2003年版，第6页。
② 施之勉：《汉书集释·高帝纪第一》，三民书局股份有限公司2003年版，第6页。
③ 施之勉：《汉书集释·高帝纪第一》，三民书局股份有限公司2003年版，第6页。
④ 施之勉：《汉书集释·高帝纪第一》，三民书局股份有限公司2003年版，第76页。
⑤ 施之勉：《汉书集释·高帝纪第一》，三民书局股份有限公司2003年版，第76页。
⑥ 施之勉：《汉书集释·高帝纪第一》，三民书局股份有限公司2003年版，第76页。

第四节 《汉书集释》引书的作用

《汉书》在流传过程中难免出现文字错讹等情况,这就影响了文义的理解。因此,学者不断对《汉书》进行训释。从唐代颜师古的《汉书注》到清代王先谦的《汉书补注》,再到施之勉的《汉书集释》,都力图让人们明晰《汉书》的本意。施之勉侧重从训释校勘、补充史实、考证文义三个角度来对《汉书》进行集释。

一、训诂考证,明晰文义

明晰文义应该以明晰字句音义为基础。颜师古的《汉书注》吸收了汉魏时期学者的成果,保存了音韵文字研究方面大量的成果。后世学者在训释《汉书》时多征引颜师古的《汉书注》,以梳理字词的音义。施之勉在注解《汉书》的字词时也是这样做的。

《汉书》原文:“三月,诏曰:夫刑罚所以防奸也,内长文所以见爱也。”①

“晋灼曰:长,音长吏之长。张晏曰:长文,长文德也。师古曰:诏言有文德者,即亲内而崇长之,所以见仁爱之道。见,谓显示也。音胡电反。”②

此处的颜师古注包含三部分:第一部分为晋灼释“长”之音;第二部分为张晏训“长文”之义;第三部分为颜师古在张晏的基础上训释“长”与“见”,并标注了“见”的特殊音读。施之勉在引用颜师古的《汉书注》时,对读音部分多有取舍。例如,对于“美须髯”,颜师古注曰:“在颐曰须,在颊曰髯。髯音人占反。”③施之勉在征引时,删去了“髯”反切读音部分。再如,对于“宽仁爱人,意豁如也”,颜师古注曰:“豁然开大之貌,音呼活反。”④施之勉在征引时删去了读音部

① 施之勉:《汉书集释·武帝纪第六》,三民书局股份有限公司2003年版,第365页。
② 施之勉:《汉书集释·武帝纪第六》,三民书局股份有限公司2003年版,第365—366页。
③ 班固:《汉书·高帝纪第一上》,中华书局1962年版,第2页。
④ 班固:《汉书·高帝纪第一上》,中华书局1962年版,第2页。

分。此外,施之勉也会根据情况保留读音部分。由此可见,如果颜师古所注文字的读音与当下读音有异,施之勉则进行征引;如果颜师古所注文字的读音与当下读音相同,施之勉则删去读音部分。

《汉书》原文:"沛公、项羽追北。"①

服虔曰:"师败曰北。"②

韦昭曰:"古背字也,背去而走也。"③

颜师古曰:"北,阴幽之处,故谓退败奔走者为北。《老子》曰,万物向阳而负阴。许慎《说文解字》云,北,乖也。《史记·乐书》曰,纣为朝歌北鄙之音。朝歌者不时,北者败也,鄙者陋也。是知北即训乖,训败,无劳借音。韦昭之徒并为妄矣。"④

周寿昌曰:"按,《诗》言树之背。传,背,北堂也。《玉篇》堂北曰背。北背古转训。服虔、韦昭本此。颜引《老子》、《乐书》,于义支杂。王先生念孙解北字甚详确,稍嫌辞费。"⑤

今按:施之勉征引服虔、韦昭、颜师古、周寿昌的观点来训释"北"字。

《汉书》原文:"又曰:令甲,死者不可生,刑者不可息。此先帝之所重,而吏未称。今系者或以掠辜若饥寒瘐死狱中,何用心逆人道也!朕甚痛之。其令郡国岁上系囚以掠笞若瘐死者所坐名、县、爵、里,丞相御史课殿最以闻。"⑥

苏林曰:"瘐,病也。囚徒病,律名为瘐。"⑦

如淳曰:"律,囚以饥寒而死曰瘐。"⑧

---

① 施之勉:《汉书集释·高帝纪第一》,三民书局股份有限公司 2003 年版,第 26 页。
② 施之勉:《汉书集释·高帝纪第一》,三民书局股份有限公司 2003 年版,第 26 页。
③ 施之勉:《汉书集释·高帝纪第一》,三民书局股份有限公司 2003 年版,第 26 页。
④ 施之勉:《汉书集释·高帝纪第一》,三民书局股份有限公司 2003 年版,第 26 页。
⑤ 施之勉:《汉书集释·高帝纪第一》,三民书局股份有限公司 2003 年版,第 26 页。
⑥ 施之勉:《汉书集释·宣帝纪第八》,三民书局股份有限公司 2003 年版,第 646 页。
⑦ 施之勉:《汉书集释·宣帝纪第八》,三民书局股份有限公司 2003 年版,第 647 页。
⑧ 施之勉:《汉书集释·宣帝纪第八》,三民书局股份有限公司 2003 年版,第 647 页。

颜师古曰:“瘐,病是也。此言囚或以掠笞及饥寒及疾病而死,如说非矣。瘐音庾,字或作愈,其音亦同。”①

曾国藩曰:“掠辜而死,一端也。饥寒而瘐死,一端也。师古分作三端,盖失之。下文掠笞若瘐死者,亦只二端。”②

沈家本曰:“按,如说是。下文不及饥寒。《说文》无瘐。《尔雅》瘐瘐,病也。《释文》瘐本今作瘐瘐,《尔雅》之瘐瘐,即《毛诗》之愈愈。《小雅·正月》忧心愈愈。《毛传》愈愈,忧惧也。然则愈庾其正字,瘐其别体耶。”③

杨树达曰:“按,王荣商曰,杨慎云,《说文》束缚捽抴为臾。臾瘐古字通。荣商按,瘐字本义,杨说是也。束缚捽抴,因而饥寒以至疾病,诸家之说并通。下云系囚以掠笞若瘐死者,不言饥寒,故知饥寒而死,亦谓之瘐也。树达按,《说文》七篇下疒部云,瘉,病瘳也,与瘐义异。颜说按,《说文》七篇下疒部云,瘉,病瘳也,与瘐混误。”④

今按:施之勉征引诸说,主要为了训释“瘐”字。汉宣帝在位期间注意平理刑狱。此处就是汉宣帝下诏要求郡国每年上报因掠刑、笞刑及疾病而死于狱中的囚犯的姓名、籍贯及爵位等情况。苏林认为囚徒因病而死,汉律称其为“瘐”。而如淳认为“瘐”是指囚徒因饥寒而死。颜师古赞同苏林的观点,并指出文中所言上报刑徒死于狱中的三种情况为刑罚、饥寒及疾病致死。曾国藩否定颜师古的观点,认为诏令所言包含两种情况,“饥寒而瘐死”是其中一种情况,认为“瘐”为因饥寒而死。曾国藩的观点与如淳的观点相同。沈家本亦赞同如淳的观点,并依据《尔雅》《毛诗》等指出“瘐”具有忧惧之义。沈家本认为刑徒因在狱中饥寒难耐,心中苦绪郁结,“瘐”引申为因饥寒而死。杨树达则融合诸家之说,认为“瘐”是指因饥寒导致疾病而死。杨慎指出“臾”“瘐”为古今字。杨树达赞同杨慎之说,并进行引申,认为“瘐”有因拘系致病之义。

在以上诸说中,杨树达之说较为合理。杨树达采纳杨慎古今字之说,这易于理解“瘐”的本意。从汉字造字规律来看,“瘐”字应是在“臾”字的基础上形成的。“臾”的本义为“捆绑拖拽”,在语义发展过程中,“臾”逐渐用于与刑狱病

① 施之勉:《汉书集释·宣帝纪第八》,三民书局股份有限公司2003年版,第647页。
② 施之勉:《汉书集释·宣帝纪第八》,三民书局股份有限公司2003年版,第647页。
③ 施之勉:《汉书集释·宣帝纪第八》,三民书局股份有限公司2003年版,第647页。
④ 施之勉:《汉书集释·宣帝纪第八》,三民书局股份有限公司2003年版,第647页。

死等有关的文字中,人们为了与本字区分,增添"疒"部。从本义分化出的新字"瘐",当有疾病之义。结合文义,汉宣帝的诏令为整顿吏治而发,其中共出现两次"瘐死",一是"掠辜若饥寒瘐死",二是"掠笞若瘐死"。"若"应当理解为连词"和"。需要上报者分为两种情况:第一种是"掠笞"而死;第二种是"饥寒致病"而死。"饥寒"为"瘐死"的修饰语,起到限定的作用,后文为行文简略,则省略"饥寒"二字。曾国藩以这两种情况驳斥颜师古。杨树达根据《说文解字》中"愈"为痊愈、治愈之义,指出颜师古所说的有版本将"瘐"写作"愈"当为误写,有苛求之嫌。"愈"有"痊愈"之义,如"汉王疾愈,西入关,至栎阳"①,颜师古注曰"愈与愈同。愈,差也"②。"愈"亦有"病"之义,可引申为灾难,如《诗经·小雅·正月》"父母生我,胡俾我愈"。颜师古所说的"瘐音庾,字或作愈"应该是指此种情况。

二、比勘众本,校定讹误

《汉书》产生年代久远。在流传过程中,《汉书》时有错讹,且有多种版本传世,如闽本、监本等。各种版本在文字表述上偶有差异。因此,在研究《汉书》时,我们需要对文字内容进行必要的校勘。施之勉注重征引诸家的校勘成果,除吸收了王先谦《汉书补注》的校勘成果外,还吸收了张文虎的《校刊史记集解索隐正义札记》、杨树达的《汉书窥管》等著作中的校勘成果。

《汉书》原文:"背约,更立沛公为汉王,王巴、蜀、汉中四十一县,都南郑。"③

颜师古曰:"即今之梁州南郑县。"④

王先谦曰:"南郑,汉中县。在今汉中府南郑县东。"⑤

张文虎曰:"《集解》三十二县,旧刻作四十二县。《汉书》云,四十一县。

① 班固:《汉书·高帝纪第一上》,中华书局1962年版,第45页。
② 班固:《汉书·高帝纪第一上》,中华书局1962年版,第45页。
③ 施之勉:《汉书集释·高帝纪第一》,三民书局股份有限公司2003年版,第57页。
④ 施之勉:《汉书集释·高帝纪第一》,三民书局股份有限公司2003年版,第57页。
⑤ 施之勉:《汉书集释·高帝纪第一》,三民书局股份有限公司2003年版,第57页。

《汉纪》同,据《汉志》,汉中郡十二县,蜀郡十五县,巴郡十一县,则共三十八县。”①

今按:《高帝纪》指出刘邦封汉王时所辖的地方为巴郡、蜀郡和汉中郡共四十一县。张文虎在《校刊史记集解索隐正义札记》中通过对比发现《史记集解》所记县数与《汉书》和《汉纪》所记县数不同。《史记》载“更立沛公为汉王,王巴、蜀、汉中,都南郑”②,“徐广曰:‘三十二县’”③。张文虎指出《史记集解》另有版本作“四十二县”,《史记集解》在流传过程中已经出现讹误。此外,张文虎列举《汉书·地理志》所记三郡下辖县共计三十八个。《史记集解》作“三十二”,应是杂糅了《汉书·地理志》及《汉书·高帝纪》。此处应当以《汉书·高帝纪》及《汉纪》为准作“四十一”。《汉书·地理志》指出的“三十八”为汉代三郡下辖县之数。而《汉书·高帝纪》所说的“四十一”为刘邦为汉王时秦郡的县数。后晓荣在《秦巴、蜀、汉中三郡置县考》一文中结合出土文献考证秦三郡所置县数,其中,“秦汉中郡置县 12 县”,“秦巴郡置县 11 县”,“秦蜀郡置县有 18 县”。④

《汉书》原文:“留萧何收巴蜀租,给军食。”⑤

钱大昭曰:“军下,南监本、闽本俱有粮字。”⑥

王先谦曰:“官本有粮字。”⑦

施之勉按曰:“景祐本军下有粮字。”⑧

今按:王先谦在《汉书补注》中引用钱大昭的观点,指出《汉书》南监本、闽

① 施之勉:《汉书集释·高帝纪第一》,三民书局股份有限公司 2003 年版,第 57 页。

② 司马迁:《史记·高祖本纪第八》,中华书局 2013 年版,第 459 页。

③ 司马迁:《史记·高祖本纪第八》,中华书局 2013 年版,第 460 页。

④ “秦汉中郡置县 12 县,分别是南郑、西成、城固、房陵、锡县、郧阳、上庸、沮县、旬阳、安阳、长利、武陵。秦巴郡置县 11 县,分别是阆中、枳县、江县、鱼县、朐忍、临江、涪陵、安汉、宕渠、垫江、江阳。秦蜀郡置县有 18 县,分别是成都、邛县、白水、临邛、武阳、青衣道、严道、绵虒道、湔氐道、新都、郪县、梓潼、平乐、涪县、阴平道、葭明、郫县、甸氐道。三郡之县数共 41。”(四川大学历史文化学院:《纪念徐中舒先生诞辰 110 周年国际学术研讨会论文集》,巴蜀书社 2010 年版,第 450—451 页。)

⑤ 施之勉:《汉书集释·高帝纪第一》,三民书局股份有限公司 2003 年版,第 63 页。

⑥ 施之勉:《汉书集释·高帝纪第一》,三民书局股份有限公司 2003 年版,第 63 页。

⑦ 施之勉:《汉书集释·高帝纪第一》,三民书局股份有限公司 2003 年版,第 63 页。

⑧ 施之勉:《汉书集释·高帝纪第一》,三民书局股份有限公司 2003 年版,第 63 页。

本中“军”字下当有“粮”字,并补充官本(即武英殿本)中有“粮”字。施之勉在按语中提出景祐本中亦有“粮”字。根据不同版本的《汉书》,应该补充此处的脱文。

《汉书》原文:“六月,立皇子兴为信都王。”①

宋祁曰:“兴,越本作舆。予据表、传,作舆是。”②

杨树达曰:“按,景祐本作舆。”③

今按:“兴”与“舆”在古代时字形相近,在《汉书》的流传过程中出现了不同的写法。宋祁指出越本作“舆”。杨树达指出景祐本作“舆”。中华书局校点本记载的是“六月,立皇子(兴)舆为信都王”④,它以王先谦的《汉书补注》为底本,并在校勘记中提到宋祁之说及景祐本,改“兴”为“舆”。但是在中华书局校点本中,“中山孝王兴,建昭二年立为信都王”⑤与“中山孝王兴”⑥这两句话中所说的都是“兴”。

《汉书》原文:“蓝田地沙石雍霸水,安陵岸崩雍泾水,水逆流。”⑦

孟康曰:“安陵岸,惠帝陵旁泾水岸也。”⑧

颜师古曰:“雍读曰壅。”⑨

王念孙曰:“建昭四年夏六月,蓝田地沙石雍霸水。念孙案,此文当依《汉纪》、《通鉴》作蓝田地震山崩,沙石雍霸水。此因地震,故山崩而沙石壅水也。今本脱震山崩三字,则叙事不明。《太平御览》咎征部七引此,正作地震。下文安陵岸崩,亦承地震言之。”⑩

① 施之勉:《汉书集释·元帝纪第九》,三民书局股份有限公司2003年版,第740页。
② 施之勉:《汉书集释·元帝纪第九》,三民书局股份有限公司2003年版,第740页。
③ 施之勉:《汉书集释·元帝纪第九》,三民书局股份有限公司2003年版,第740页。
④ 班固:《汉书·元帝纪第九》,中华书局1962年版,第294页。
⑤ 班固:《汉书·宣元六王传第五十》,中华书局1962年版,第3327页。
⑥ 班固:《汉书·诸侯王表第二》,中华书局1962年版,第424页。
⑦ 施之勉:《汉书集释·元帝纪第九》,三民书局股份有限公司2003年版,第747页。
⑧ 施之勉:《汉书集释·元帝纪第九》,三民书局股份有限公司2003年版,第747页。
⑨ 施之勉:《汉书集释·元帝纪第九》,三民书局股份有限公司2003年版,第747页。
⑩ 施之勉:《汉书集释·元帝纪第九》,三民书局股份有限公司2003年版,第747页。

施之勉按曰:“《御览》八百八十,元帝建昭四年,蓝田地震,沙石流,拥灞水。安陵岸崩,拥水,水逆流。时石显用事。”①

今按:颜师古认为“雍”为“壅”,表示堵塞,此处文义为蓝田沙石堵塞灞水,安陵沙石堵塞泾水。施之勉所引王念孙之说转引自《汉书补注》,此说源自王念孙的《读书杂志》。王先谦根据《汉纪》《资治通鉴》《太平御览》认为《汉书》此处有脱文。通过施之勉引《太平御览》原文可知,因为有地震,所以沙石堵塞水道,“沙石”前有“地震”,这里与后文所言“崩”为对应关系。施之勉征引《太平御览》可证明脱文之说,但文字仍与《汉纪》和《资治通鉴》存在差异。在《汉纪》《资治通鉴》的记载中,“壅”前为“地震”“山崩”,则原文之义应该是地震导致山崩,而后导致壅水。王先谦据此补足原文所脱落的“震山崩”三字,而没有依据《太平御览》单补“震”字。这大概是因为《汉纪》距离《汉书》产生的年代较近,所以王先谦认为《汉纪》的引文较为准确。王先谦综合运用了他校法与理校法。

《汉书》原文:“封萧相国后喜为酇侯。”②

宋祁曰:“喜字,唐本、南本并作嘉。予据表传作嘉是。”③

朱一新曰:“《功臣表》永始元年封。《纪》系于元延元年下,与《表》差四年,疑误。”④

周寿昌曰:“《功臣表》、《萧何传》俱作何元孙之子南緜长喜绍封,并不作嘉。其名嘉者,系何孙,于景帝二年绍封。唐本、南本俱误,宋氏亦失考。”⑤

施之勉按曰:“荀《纪》封萧相国后喜为酇侯。时杜业说上继绝侯之世曰,昔唐虞协和万方,致雍熙之政。”⑥

今按:《汉书补注》所引诸说的争论点是萧何的后代是萧喜还是萧嘉。由于诸家所言比较简略,为便于论述,特录文如下。

“孝惠二年,何薨,谥曰文终侯。子禄嗣,薨,无子。高后乃封何夫人同为酇

① 施之勉:《汉书集释·元帝纪第九》,三民书局股份有限公司 2003 年版,第 748 页。
② 施之勉:《汉书集释·成帝纪第十》,三民书局股份有限公司 2003 年版,第 826 页。
③ 施之勉:《汉书集释·成帝纪第十》,三民书局股份有限公司 2003 年版,第 826 页。
④ 施之勉:《汉书集释·成帝纪第十》,三民书局股份有限公司 2003 年版,第 826 页。
⑤ 施之勉:《汉书集释·成帝纪第十》,三民书局股份有限公司 2003 年版,第 826 页。
⑥ 施之勉:《汉书集释·成帝纪第十》,三民书局股份有限公司 2003 年版,第 826 页。

以托其国,非顾于理安否也。"①

施之勉按曰:"《史记·吕后本纪》二年,楚元王,齐悼惠王皆来朝。十月,孝惠与齐王燕饮太后前。孝惠以为齐王兄,置上坐,如家人之礼。太后怒,乃令酌两卮鸩置前,令齐王起为寿。齐王起,孝惠亦起,取卮欲俱为寿。太后乃恐,自起,泛孝惠卮。齐王怪之,因不敢饮。详醉去。问知其鸩,齐王恐自以为不得脱长安忧。齐内史士说王曰,太后独有孝惠与鲁元公主。今王有七十余城,而公主乃食数城。王诚以一郡上太后,为公主汤沐邑,太后必喜,王必无忧。于是齐王乃上城阳之郡,尊公主为王太后。吕后喜许之,乃置酒齐邸。乐饮,罢归齐王。"②

今按:对于为何称鲁元公主为太后,历来众说纷纭,颜师古否定如淳,刘攽否定颜师古,王先谦和姚范为颜师古正名,驳斥刘攽。诸说之间多有相互驳难之处。施之勉罗列诸说,旨在丰富论证,深化对这个问题的研究。《汉书》只叙述了事情发展的结果,即齐王献邑并尊鲁元公主为太后,未言及事情起因。但是诸家所论多从起因入手。因此,施之勉在按语中征引《史记·吕后本纪》,弥补诸家观点和《汉书》所缺失的史实。事件中涉及的人物关系较为复杂,为了便于梳理诸家观点,笔者根据《吕后本纪》《高五王传》《张耳传》等梳理关系。鲁元公主与惠帝为亲姐弟,为吕后所生,地位较高,而齐悼惠王与鲁元公主姐弟俩为同父异母的同辈关系,因齐悼惠王非吕后所生,故地位相对较低,其封地在齐,是为齐王。鲁元公主嫁与张耳之子张敖,生子张偃,生女张嫣,吕后为专权特授意将张嫣嫁与惠帝刘盈,即外甥女嫁给了自己的舅舅,那么鲁元公主则有双重身份,一为惠帝的姐姐,二为惠帝的岳母。

《汉书》原文:"三月,除关无用传。"③

张晏曰:"传,信也,若今过所也。"④

---

① 施之勉:《汉书集释·惠帝纪第二》,三民书局股份有限公司 2003 年版,第 169 页。

② 施之勉:《汉书集释·惠帝纪第二》,三民书局股份有限公司 2003 年版,第 168—169 页。

③ 施之勉:《汉书集释·文帝纪第四》,三民书局股份有限公司 2003 年版,第 248 页。

④ 施之勉:《汉书集释·文帝纪第四》,三民书局股份有限公司 2003 年版,第 248 页。

如淳曰:“两行书缯帛,分持其一出入关,合之乃得过,谓之传也。”①

李奇曰:“传,棨也。”②

颜师古曰:“张说是也。古者或用棨,或用缯帛。棨者,刻木为合符也。传,音张恋反。棨,音启。”③

杨树达曰:“按,《周礼·掌节》云,凡通达于天下者必有节,以传辅之。注云,辅之以传者,节为信耳。”④

陈直曰:“按,汉代人民过关津,用符与传。《居延汉简释文》卷一八,十一页,有始元七年,闰月甲辰,居延与金关,为出入符券。齿百从第一至千。左居官,右移金关,符合以从事,第八。又,同卷八十二页,有永光四年正月己酉,橐他吞胡隧长张彭祖符。下载妻子、子女,年龄、颜色,甚详悉。每符之券齿为一百,长度皆六寸。传与符之区别,在符有齿,传无齿。符纪数,传不纪数。是其大要。余详在‘终军弃繻’条下。”⑤

今按:施之勉征引张晏、杨树达等人的观点,目的是解释“传”作为一种通关文书的形制问题。张晏认为“传”为“信”,其功能相当于魏晋时期的“过所”,即出行的通行证。如淳指出“传”为符契,其材质为缯帛,其特点是需要将符契一分为二。李奇认为“传”的材质为木质。对于以上三种观点,颜师古赞同张晏的观点,认为“传”并不是分而持之的符节,否定如淳与李奇的观点。但是对于如淳和李奇所说的“传”的材质问题,颜师古认为在古代这两种材质都有。

施之勉赞同颜师古的观点,因此引用杨树达和陈直的观点,进一步论述“传”的形制问题。杨树达认为,“传”为通行天下所用符节文书。陈直从出土文献的角度分析“符”与“传”的区别,论证“符”有齿,其形制为两片,双方各持一片,需合而验之,而“传”无齿。富谷至在《文书行政的汉帝国》中从功能上对“符”与“传”进行了区分。富谷至指出:“符的使用仅限于关卡的通过,而且仅能用于一处关卡。符由两片组成,旅行者携带一片,另一片存放在某处关卡,据此可知,它不可能在多处关卡使用。作为旅行者随身携带的身份证明和旅行证

---

① 施之勉:《汉书集释·文帝纪第四》,三民书局股份有限公司 2003 年版,第 248 页。
② 施之勉:《汉书集释·文帝纪第四》,三民书局股份有限公司 2003 年版,第 248 页。
③ 施之勉:《汉书集释·文帝纪第四》,三民书局股份有限公司 2003 年版,第 248 页。
④ 施之勉:《汉书集释·文帝纪第四》,三民书局股份有限公司 2003 年版,第 248 页。
⑤ 施之勉:《汉书集释·文帝纪第四》,三民书局股份有限公司 2003 年版,第 248 页。

件,传上写有包括向接待方委嘱的事务等在内的旅行目的,如果是因公的情况,传也可作为官方旅行设施的使用许可证,其功能具有多样性。”①“旅行者从启程到旅行结束一直要将传随身携带。”②

通过对《汉书集释》的引书进行分析,我们可以看出,施之勉在《汉书补注》的基础上充分吸收了其引书成果,并丰富了引书的内容与种类。在内容上,《汉书集释》尤以征引明代诸说及清代以后诸成果较为突出。在种类上,《汉书集释》汇集了散见于子部文献中的研究成果,成为引书较为丰富的《汉书》集释版本。可以说,施之勉在论证、文字校勘、史实考证等方面所取得的成就,均得益于引书的丰富。

---

① 富谷至著,刘恒武、孔李波译:《文书行政的汉帝国》,江苏人民出版社 2013 年版,第 256—257 页。

② 富谷至著,刘恒武、孔李波译:《文书行政的汉帝国》,江苏人民出版社 2013 年版,第 257 页。

第三章 《汉书集释》的校勘

施之勉在集释《汉书》的过程中,亦注重对文字进行校勘,并广泛吸收诸家成果,如颜师古注所保存的异文材料及宋元以来诸学者的校勘成果,尤其对王先谦《汉书补注》中的校勘成果吸收较多。施之勉在前人校勘成果的基础上,或补充,或订正讹误,并时有发现新异文,提出己见。在校勘方法上,施之勉综合运用对校、本校等方法进行校勘,丰富了校勘论证。他选取的版本较为丰富,如宋景祐本、黄善夫刻本、凌稚隆本、闽本、清武英殿刻本、金陵书局本。校勘作为施之勉《汉书集释》的重要组成部分,在总结《汉书》校勘成果,推动《汉书》校勘实践方面,富有启示意义。故本章以《汉书集释》的校勘成果为研究对象,分析其校勘条例及校勘特点,总结施之勉在《汉书》校勘上取得的成就。

第一节 《汉书》校勘研究概况

《汉书》在雕版印刷术问世之前,主要以抄本的形式传世。不同时期不同抄手所做的抄本,在个别文字上不一致的现象较多。虽然个别文字的出入对整体文义的把握并不会造成太大的影响,但涉及关键语句的关键词时则不然,因此,历代的《汉书》研习者都对文字考误用力甚多,如服虔、应劭、臣瓒、蔡谟、颜师古等在文字、音韵、训诂、校勘等方面做出了大量的努力。颜师古在注解《汉书》时,即指出"《汉书》旧文多有古字,解说之后屡经迁易,后人习读,以意刊改,传写既多,弥更浅俗。今则曲核古本,归其真正,一往难识者,皆从而释之"[①]。

雕版印刷术印制的《汉书》,也仍然无法避免不同版本间个别文字抵牾的问

① 颜师古:《汉书叙例》,见班固:《汉书》,中华书局 1962 年版,"汉书叙例"第 2 页。

题。无法杜绝这种现象的原因大致可以分为三种:一是在进行制版时,所选择的抄本底版不同;二是刻手因手误或误判文字而导致误刻;三是因为刻板质量问题,在印刷过程中使用效果不佳,导致文字字形缺失或不清晰等,如宋版书中最劣本的闽本,其刻板的板材采用福建建阳、麻沙等地所产榕树,由于木质松软,在雕版印书超过一定的饱和量后,印刷的速度越快、数量越多,此刻板产生的错误也就越多。

学界一向认为优质的《汉书》刻本有:北宋刻递修本、南宋庆元刘元起家塾刻本、南宋蔡琪家塾刻本、南宋白鹭洲书院刻本、元刻明递修本、明末毛氏汲古阁本、清乾隆武英殿本等。随着清人小学的逐渐兴盛,段玉裁、王念孙、钱大昕、王文彬、王鸣盛等诸家读书更加细心,对《汉书》进行了较为精准的校对。但清人治《汉书》时,未获多见宋元旧本,故虽能举其疑误多失,而无所取证,当然也还存在一些遗漏。

清代王先谦的《汉书补注》作为集注性著作,汇集了较多的校勘成果,故张海峰在《王先谦〈汉书补注〉研究》中即设置"《汉书补注》校勘研究"一章,对王先谦所用版本及方法等进行总结,以示校勘部分在《汉书补注》中的重要研究价值。清末至民国时期,涌现了大量研究《汉书》的专著,如宁调元《读汉书札记》、刘咸炘《汉书知意》、杨树达《汉书窥管》等,其中杨树达以景祐本为主校勘《汉书》,其成果多被施之勉收入《汉书集释》。此后,陈直所著《汉书新证》结合出土文物校勘研究《汉书》,多有创见,亦被施之勉加以征引。

1962 年,中华书局点校《汉书》,进行了不少文字勘误工作,这极大地推动了《汉书》文本的标准化。在此之后,学者多对中华书局标点本予以关注,如朱桂昌《〈汉书〉点校商榷(四则)》①,刘洪涛《标点本〈汉书·三统历〉勘误七则》②,岳庆平《〈汉书〉勘误两则》③,王锷《中华书局点校本〈汉书·匈奴传〉漏校、误校举例》④,王根林《汉书校勘献疑》⑤,程苏东《中华书局版〈汉书·五行

① 朱桂昌:《〈汉书〉点校商榷(四则)》,载《史学史资料》1980 年第 2 期。

② 刘洪涛:《标点本〈汉书·三统历〉勘误七则》,载《南开学报》1983 年第 6 期。

③ 岳庆平:《〈汉书〉勘误两则》,载《中国史研究》1985 年第 3 期。

④ 王锷:《中华书局点校本〈汉书·匈奴传〉漏校、误校举例》,载《古籍整理研究学刊》1990 年第 3 期。

⑤ 王根林:《汉书校勘献疑》,载《社会科学战线》1992 年第 2 期。

志〉点校献疑》[①]等，均以札记的形式零散地对标点本进行校勘。

近来学者多集中对标点本校勘问题进行探讨，如谢秉洪《〈汉书〉考校研究——以中华书局点校本为中心》[②]，主要从“纪”和“传”入手，对标点本的增改、误删等问题进行重新校勘研究，其所用版本较为丰富，然未能对《汉书》进行全面的校勘梳理，实为遗憾，如“传”部分仅校勘了从《陈胜项籍传》至《李广苏建传》，共24卷。谢攀《中华书局点校本〈汉书〉校读札记——以庆元本为研究中心》[③]，则主要以南宋庆元本与点校本对校，正其谬误，其重点亦侧重在庆元本的研究上。与此相近，由于《汉书》版本众多，学者多关注研究《汉书》某一刻本情况，如孙晓磊《〈汉书〉汲古阁本校议》[④]，周敏《武英殿本〈汉书〉校议》[⑤]，申奎《文渊阁本〈汉书〉校读札记》[⑥]等均属针对某一单版本的研究。此外，亦有注意与他书引文对校者，如周俊勋《〈史记〉、〈汉书〉校读札记》[⑦]，邓晓艳《〈史记〉、〈汉书〉校读札记》[⑧]。

综上，《汉书》校勘成果，多散见于期刊论文中，且缺少全面系统的校勘成果的梳理。施之勉《汉书集释》对颜师古、王先谦、杨树达、陈直等人的校勘成果的汇总与考辨，弥补了这一缺憾。由于许多校勘成果出现较晚，施之勉未能得见，因此书中未能征引，较为遗憾，然施之勉对于1912年之前校勘成果的汇集，以及其新补充的校勘成果，对于推动《汉书》校勘研究的深入，具有重大意义。

第二节 《汉书集释》校勘条例

《汉书集释》校勘的形式多样，有同书内互校的，也有参照他书校勘的，归纳

---

① 程苏东：《中华书局版〈汉书·五行志〉点校献疑》，载《中国典籍与文化》2013年第2期。

② 谢秉洪：《〈汉书〉考校研究——以中华书局点校本为中心》，南京师范大学博士学位论文，2006年。

③ 谢攀：《中华书局点校本〈汉书〉校读札记——以庆元本为研究中心》，南京师范大学硕士学位论文，2011年。

④ 孙晓磊：《〈汉书〉汲古阁本校议》，南京师范大学硕士学位论文，2012年。

⑤ 周敏：《武英殿本〈汉书〉校议》，南京师范大学硕士学位论文，2014年。

⑥ 申奎：《文渊阁本〈汉书〉校读札记》，南京师范大学硕士学位论文，2015年。

⑦ 周俊勋：《〈史记〉〈汉书〉校读札记》，载《古籍整理研究学刊》2000年第2期。

⑧ 邓晓艳：《〈史记〉、〈汉书〉校读札记》，陕西师范大学硕士学位论文，2006年。

总结如下。

一、以同书异本校本文讹误

施之勉校书时所提及版本有宋景祐本、黄善夫刻本(简称"黄善夫本")、凌稚隆本(简称"凌本")、闽本、清武英殿刻本(简称"殿本")、金陵书局本(简称"局本")等。

(一)多取景祐本

景祐本为宋代刻本,是现存最早的《汉书》刻本,其价值不言而喻,诸家在校勘时亦多以此校对其他版本。纵观施之勉《汉书集释》校勘情况,其所用版本多为景祐本。如:

《汉书》原文:"留萧何收巴蜀租,给军食。"①

施之勉按曰:"景祐本军下有粮字。"②

今按:钱大昭曰:"军下,南监本、闽本俱有粮字。"③王先谦曰:"官本有粮字。"④施之勉在前人基础上补充景祐本有"粮"字,为原文校勘增加了一重证据。

《汉书》原文:"后平伏诛。"⑤

施之勉按曰:"景祐本无诈字。"⑥

今按:钱大昭称闽本"伏"下有"诈"字。朱一新认为:汪本中有"诈"字。叶德辉指出德藩本中有"诈"字。施之勉根据景祐本无"诈"字,为前人校勘增加

① 施之勉:《汉书集释·高帝纪第一》,三民书局股份有限公司2003年版,第63页。
② 施之勉:《汉书集释·高帝纪第一》,三民书局股份有限公司2003年版,第63页。
③ 施之勉:《汉书集释·高帝纪第一》,三民书局股份有限公司2003年版,第63页。
④ 施之勉:《汉书集释·高帝纪第一》,三民书局股份有限公司2003年版,第63页。
⑤ 施之勉:《汉书集释·郊祀志第五下》,三民书局股份有限公司2003年版,第2294页。
⑥ 施之勉:《汉书集释·郊祀志第五下》,三民书局股份有限公司2003年版,第2294页。

了一重证据。

《汉书》原文："济阴，五月丙戌哀王不识，以孝王子立，七年薨，亡后。"①

施之勉按曰："景祐本作立一年薨，与《传》合。"②

今按：《汉书补注》王先谦曰："不识以景帝后元年薨，见《史表》距始封仅一年，故《传》作立一年薨。合始封嗣位，共为二年。官本作二年薨，是也。此七，乃二之误。"③

另，施之勉在校勘时注意到前人用景祐本和自己所见景祐本不同，多处说明"今景祐本"以示区别。如：

《汉书》原文："立赵苗裔赵利为王。复收信散兵……"④

施之勉按曰："今景祐本有散字。"⑤

今按：《汉书补注》引宋祁曰"景祐本无散字"，而施之勉指出今景祐本有散字。

《汉书》原文："阏氏说冒顿曰：今得汉地，犹不能居，且两主不相厄。居七日，胡骑稍稍引去。"⑥

施之勉按曰："今景祐本无两稍字。"⑦

今按：王先谦《汉书补注》曰："官本不重稍字，引宋祁曰，景祐本有两稍字。案，《史记》亦不重稍字。"⑧施之勉指出今景祐本无两稍字。

---

① 施之勉：《汉书集释·诸侯王表第二》，三民书局股份有限公司2003年版，第964页。
② 施之勉：《汉书集释·诸侯王表第二》，三民书局股份有限公司2003年版，第964页。
③ 施之勉：《汉书集释·诸侯王表第二》，三民书局股份有限公司2003年版，第964页。
④ 施之勉：《汉书集释·魏豹田儋韩王信传第三》，三民书局股份有限公司2003年版，第4866页。
⑤ 施之勉：《汉书集释·魏豹田儋韩王信传第三》，三民书局股份有限公司2003年版，第4866页。
⑥ 施之勉：《汉书集释·魏豹田儋韩王信传第三》，三民书局股份有限公司2003年版，第4866页。
⑦ 施之勉：《汉书集释·魏豹田儋韩王信传第三》，三民书局股份有限公司2003年版，第4867页。
⑧ 施之勉：《汉书集释·魏豹田儋韩王信传第三》，三民书局股份有限公司2003年版，第4866页。

(二)偶用其他版本

在景祐本之外,施之勉也偶引其他版本参与校勘,如越本、黄善夫本、凌本、殿本、局本,虽数量较少,但也具有重要价值,如:

《汉书》原文:"高祖怪问之。吕后曰……"①

施之勉按曰:"景祐本作高祖怪问吕后后曰,与越本同。"②

今按:王先谦《汉书补注》引宋祁曰:今越本作"高祖怪问吕后,后曰"③。钱大昭曰:闽本作"高祖怪问吕后,吕后曰"④。张元济《百衲本二十四史校勘记 汉书校勘记》:官、北监本同此;景祐、汪、大德本同宋祁所云越本。尽管施之勉在清人的基础上有新的突破,但通过张元济先生的校勘记录来看,施之勉在《汉书集释》中涉及版本校对时,所涉猎的版本相对有限。

《汉书》原文:"阳信胡侯吕青……"⑤

施之勉按曰:"景祐本、黄善夫本、凌本、《史表》作胡。夏燮曰,按,阳信,《史表》作新阳。青作清。第作八十一,与下杜得臣复。证之功比堂邑侯语。堂邑八十六,此正八十七也。《史表》误。"⑥

今按:王先谦《汉书补注》曰:"阳信,勃海县。《史表》作新阳,汝南县。新、信字通。本表文误倒。《颍水注》'新阳,高帝封吕青为侯国',是其证。《史表》'胡'作'朝','青'作'清'。朝非谥,宜作'胡'。"⑦施之勉指出景祐本、黄善夫本、凌本等均作"胡",以此校正《汉书》。

① 施之勉:《汉书集释·高帝纪第一》,三民书局股份有限公司 2003 年版,第 20 页。
② 施之勉:《汉书集释·高帝纪第一》,三民书局股份有限公司 2003 年版,第 20 页。
③ 施之勉:《汉书集释·高帝纪第一》,三民书局股份有限公司 2003 年版,第 20 页。
④ 施之勉:《汉书集释·高帝纪第一》,三民书局股份有限公司 2003 年版,第 20 页。
⑤ 施之勉:《汉书集释·高惠高后文功臣表第四》,三民书局股份有限公司 2003 年版,第 1050 页。
⑥ 施之勉:《汉书集释·高惠高后文功臣表第四》,三民书局股份有限公司 2003 年版,第 1050 页。
⑦ 班固撰,王先谦补注:《汉书补注(二)》,上海古籍出版社 2008 年版,第 686 页。

《汉书》原文:“成帝绥和三年二月。”①

施之勉按曰:“三年,景祐本、殿本俱作二年。”②

今按:朱一新指出汪本中作“二年”。叶德辉在德藩本中发现作“二年”。王先谦根据官本认为作“二年”。施之勉根据景祐本、殿本中“三”都作“二”,证实了前人的例证。

《汉书》原文:“楚国许。”③

施之勉按曰:“景祐本、局本作围。”④

今按:《汉书补注》引朱一新曰:“汪本国作围,是。”⑤叶德辉和王先谦均认为作“围”。施之勉引用景祐本、局本证明了这一观点。

《汉书》原文:“事下御史大夫张汤。汤问之。”⑥

施之勉按曰:“景祐本《河渠书》作汤阿其事。黄善夫本作汤问其事。”⑦

今按:对于“汤问之”,王先谦《汉书补注》曰:“《河渠书》作汤阿其事,因言云云。疑本书作汤阿之,而以字形近误为问也。又问义太浅易,明非志文。”⑧施之勉从景祐本、《河渠书》中找出“汤阿其事”,又从黄善夫本找出“汤问其事”,然并未做出判断。

二、以他书校本文讹误

施之勉他校所引用典籍,多为史部及子部典籍,如《史记》《太平御览》等。

---

① 施之勉:《汉书集释·五行志第七下之上》,三民书局股份有限公司 2003 年版,第 2379 页。
② 施之勉:《汉书集释·五行志第七下之上》,三民书局股份有限公司 2003 年版,第 2379 页。
③ 施之勉:《汉书集释·五行志第七下之下》,三民书局股份有限公司 2003 年版,第 2384 页。
④ 施之勉:《汉书集释·五行志第七下之下》,三民书局股份有限公司 2003 年版,第 2384 页。
⑤ 施之勉:《汉书集释·五行志第七下之下》,三民书局股份有限公司 2003 年版,第 2384 页。
⑥ 施之勉:《汉书集释·沟洫志第九》,三民书局股份有限公司 2003 年版,第 3999 页。
⑦ 施之勉:《汉书集释·沟洫志第九》,三民书局股份有限公司 2003 年版,第 3999 页。
⑧ 施之勉:《汉书集释·沟洫志第九》,三民书局股份有限公司 2003 年版,第 3999 页。

《汉书》原文:“初高祖微时,常避事,时时与宾客过其丘嫂食。”①

施之勉按曰:“《书钞》一百四十四引作丘嫂。黄生曰,丘,注,大也,长嫂称也。此训未然。丘,空也,谓无兄空有嫂也,盖是时高祖长兄已没故。”②

今按:“应劭曰:丘,姓也。孟康曰:西方谓亡女婿为丘婿。丘,空也。兄亡,空有嫂也。张晏曰:丘,大也,长嫂称也。晋灼曰:礼谓大妇为冢妇。师古曰:《史记》丘字作巨。丘、巨皆大也。张晋二说,其义得之。杨树达曰:按,此《卢绾传》所云高祖微时有吏事避宅者也。黄履翁曰:《楚元王传》谓空为丘,是以意而释也。”③施之勉补充了新的材料,指出《北堂书钞》一百四十四引作丘嫂。黄生曰,丘,注,大也,长嫂称也。此训未然。丘,空也,谓无兄空有嫂也,盖是时高祖长兄已没故。

四、以同书或他书校本文,存其异文

对于能确定《汉书》讹误者,或能佐证《汉书》无误时,施之勉多能根据史料做出判断,然而对于不能判断者,施之勉多两说并存,持阙疑态度,如:

《汉书》原文:“事下御史大夫张汤。汤问之。”④

施之勉按曰:“景祐本《河渠书》作汤阿其事。黄善夫本作汤问其事。”⑤

今按:对于“汤问之”,王先谦《汉书补注》曰,“《河渠书》作汤阿其事,因言云云。疑本书作汤阿之,而以字形近误为问也。又问义太浅易,明非志文”⑥。施之勉从景祐本、《河渠书》中找出“汤阿其事”,又从黄善夫本中找出“汤问其事”,然并未做出判断。

① 施之勉:《汉书集释·楚元王传第六》,三民书局股份有限公司2003年版,第4988页。
② 施之勉:《汉书集释·楚元王传第六》,三民书局股份有限公司2003年版,第4988页。
③ 施之勉:《汉书集释·楚元王传第六》,三民书局股份有限公司2003年版,第4988页。
④ 施之勉:《汉书集释·沟洫志第九》,三民书局股份有限公司2003年版,第3999页。
⑤ 施之勉:《汉书集释·沟洫志第九》,三民书局股份有限公司2003年版,第3999页。
⑥ 施之勉:《汉书集释·沟洫志第九》,三民书局股份有限公司2003年版,第3999页。

《汉书》原文:"蛟龙骋兮放远游。"[①]

施之勉按曰:"《河渠书》放,作方。"[②]

今按:施之勉补充"《河渠书》放,作方"。

《汉书》原文:"乃晨炊蓐食。"[③]

施之勉按曰:"《风俗通义·穷通篇》作乃晨早食。"[④]

今按:"张晏曰:未起而床蓐中食。"[⑤]《汉书补注》引王引之所说"方言蓐,厚也。厚食,犹言多食。说见经义述闻秣马蓐食下"[⑥]。施之勉指出《风俗通义·穷通篇》作乃晨早食。

五、以同书或他书校注文讹误

颜师古注《汉书》具有里程碑意义,保存了唐以前对于《汉书》的训释注解,后世研究《汉书》者,多以其作为理解文义的基础,然其书中亦偶有讹误。施之勉校勘时除校《汉书》讹误,亦校颜注之误。

(一)校颜师古注

《汉书》原文:"《博士弟子杜参赋》二篇。"[⑦]

施之勉按曰:"景祐本注,重死字。周寿昌曰,案,参同向校书,必与歆友,故《七略》入之。别录详其年籍官阀。参虽早卒,其得传亦幸也。"[⑧]

① 施之勉:《汉书集释·沟洫志第九》,三民书局股份有限公司2003年版,第4003页。
② 施之勉:《汉书集释·沟洫志第九》,三民书局股份有限公司2003年版,第4003页。
③ 施之勉:《汉书集释·韩彭英卢吴传第四》,三民书局股份有限公司2003年版,第4875页。
④ 施之勉:《汉书集释·韩彭英卢吴传第四》,三民书局股份有限公司2003年版,第4875页。
⑤ 施之勉:《汉书集释·韩彭英卢吴传第四》,三民书局股份有限公司2003年版,第4875页。
⑥ 施之勉:《汉书集释·韩彭英卢吴传第四》,三民书局股份有限公司2003年版,第4875页。
⑦ 施之勉:《汉书集释·艺文志第十》,三民书局股份有限公司2003年版,第4515页。
⑧ 施之勉:《汉书集释·艺文志第十》,三民书局股份有限公司2003年版,第4516页。

但没有做出结论。《河渠书》作“延道”。《说文》中“延,正行也。此作延,形相似而讹耳”[①]。《艺文志》《水经注》作“正道”。《索隐》以延长解之,非。《史记考异》中古文“正”与“征”通,征或为延,因讹,为延耳。

《汉书》原文:“北渡回兮迅流难。”[②]

施之勉按曰:“回,《河渠书》作迂。迅,作浚。梁玉绳曰,迂,即迁。郑注作回。浚乃迅之误。”[③]

今按:“师古曰:迅,疾也。”[④]关于“回”,施之勉在《河渠书》中找出“《河渠书》作迂。迅,作浚”[⑤]。梁玉绳说:“迂,即迁。”[⑥]而“郑注作回。浚乃迅之误”[⑦]。

《汉书》原文:“何自苦如此。良不得已,强听食,后六岁薨。”[⑧]

施之勉按曰:“《史记》作后八年卒。张森楷曰:按,良以高后二年卒,上溯高帝崩,适得十年。除其前后各一年,正得八年。此文不误。”[⑨]

今按:《汉书》原文王先谦指出《史记》作后八岁卒。根据《侯表》可知,良在高后二年卒。梁玉绳认为,《汉书》与《史记》两者均误。而施之勉根据张森楷所说“……除其前后各一年,正得八年”[⑩],认为此文不误。

(二)以《汉书》校他书

《汉书》原文:“壮武。”[⑪]

① 施之勉:《汉书集释·沟洫志第九》,三民书局股份有限公司2003年版,第4003页。
② 施之勉:《汉书集释·沟洫志第九》,三民书局股份有限公司2003年版,第4004页。
③ 施之勉:《汉书集释·沟洫志第九》,三民书局股份有限公司2003年版,第4004页。
④ 施之勉:《汉书集释·沟洫志第九》,三民书局股份有限公司2003年版,第4004页。
⑤ 施之勉:《汉书集释·沟洫志第九》,三民书局股份有限公司2003年版,第4004页。
⑥ 施之勉:《汉书集释·沟洫志第九》,三民书局股份有限公司2003年版,第4004页。
⑦ 施之勉:《汉书集释·沟洫志第九》,三民书局股份有限公司2003年版,第4004页。
⑧ 施之勉:《汉书集释·张陈王周传第十》,三民书局股份有限公司2003年版,第5196页。
⑨ 施之勉:《汉书集释·张陈王周传第十》,三民书局股份有限公司2003年版,第5196页。
⑩ 施之勉:《汉书集释·张陈王周传第十》,三民书局股份有限公司2003年版,第5196页。
⑪ 施之勉:《汉书集释·地理志第八下》,三民书局股份有限公司2003年版,第3887页。

施之勉按曰:“《晋志》城阳有壮武无庄武与《汉志》同。汉文封宋昌,晋武封张华,后魏封房法寿,皆以壮武。今各本《左传》皆作庄武,当依《汉志》正之。”①

今按:“吴卓信曰:《左传》隐元年,纪人伐夷。杜注,夷国在城阳庄武县。《世本》夷,妘姓,传无其人,不知谁所灭。”②《括地志》曰:“壮武故城,在莱州即墨县西六十里,古莱夷国。”③《方舆纪要》曰:“壮武故城,在今莱州府即墨县西。”④江永曰:“庄十六年,晋武公伐夷,执夷诡诸。杜云,诡诸,周大夫,夷,采地名,则二夷别也,而世族谱于夷。诡诸之下注云妘姓,更无其国,则以二夷为一,误矣。”⑤施之勉依据《晋志》与《艺文志》相同之处“城阳有壮武无庄武”,且“今各本《左传》皆作庄武”,指出应该依《艺文志》正之。

纵观以上诸例,施之勉在校勘时多据景祐本进行,并辅以黄善夫刻本、闽本、武英殿刻本、金陵书局本等。施之勉以丰富的版本作为校勘基础,对比典籍引文之间的异同,并多以对校及他校相结合的校勘方法校勘文字讹误。施之勉甄别异文,在校勘《汉书》讹误的同时,亦对《史记》《左传》等他书进行校勘,校勘内容较为丰富。

第三节 《汉书集释》校勘特点

《汉书集释》是一种有限范围内的“集校”,主要着眼于颜师古注本和王先谦注本,个人新见不多。由于《汉书集释》未完成而作者已经去世,后出版社组织人力对此书加以补充,故有些篇中只是抄录颜注、王注,而几乎不加按语。

① 施之勉:《汉书集释·地理志第八下》,三民书局股份有限公司 2003 年版,第 3888 页。
② 施之勉:《汉书集释·地理志第八下》,三民书局股份有限公司 2003 年版,第 3887 页。
③ 施之勉:《汉书集释·地理志第八下》,三民书局股份有限公司 2003 年版,第 3887 页。
④ 施之勉:《汉书集释·地理志第八下》,三民书局股份有限公司 2003 年版,第 3887 页。
⑤ 施之勉:《汉书集释·地理志第八下》,三民书局股份有限公司 2003 年版,第 3887—3888 页。

一、基于颜注及《补注》校勘

施之勉校勘多建立在颜师古注和王先谦补注基础上，可分为几种情况。

(一)王订正颜，施订正王

《汉书》原文："若手足之捍头目。"①

施之勉按曰："景祐本作下。"②

今按："师古曰：捍，御难也。音下旦反。《补注》王先谦曰：官本下作卜。"③施之勉引用景祐本并指出作"下"，为校勘增加了新的诠释。

(二)王订正颜，施佐证王

《汉书》原文："未有安制矜节之理也。"④

施之勉按曰："景祐本作持。"⑤

今按："师古曰：矜，特也"⑥。王先谦《汉书补注》曰："官本特作持。"⑦施之勉引用景祐本作"持"证明这一观点。

《汉书》原文："一岁之收，常过缦田，亩一斛以上。"⑧

---

① 施之勉：《汉书集释·刑法志第三》，三民书局股份有限公司2003年版，第2170页。
② 施之勉：《汉书集释·刑法志第三》，三民书局股份有限公司2003年版，第2170页。
③ 施之勉：《汉书集释·刑法志第三》，三民书局股份有限公司2003年版，第2170页。
④ 施之勉：《汉书集释·刑法志第三》，三民书局股份有限公司2003年版，第2170页。
⑤ 施之勉：《汉书集释·刑法志第三》，三民书局股份有限公司2003年版，第2171页。
⑥ 施之勉：《汉书集释·刑法志第三》，三民书局股份有限公司2003年版，第2170页。
⑦ 施之勉：《汉书集释·刑法志第三》，三民书局股份有限公司2003年版，第2170页。
⑧ 施之勉：《汉书集释·食货志第四上》，三民书局股份有限公司2003年版，第2207页。

施之勉按曰:“景祐本作为圳。”[①]

今按:“师古曰:缦田,谓不为亩者也”[②]。王先谦《汉书补注》曰:“官本为亩作为圳,是。”[③]施之勉引用景祐本证明“作为圳”,提供了一种新的校勘证据。

《汉书》原文:“诸家说不安处,古文字读皆异。”[④]

施之勉按曰:“景祐本作二。”[⑤]

今按:“臣瓒曰:《孝经》云,续莫大焉,而诸家之说,各不安处之也。”[⑥]颜师古曰:“桓谭《新论》云,古《孝经》千八百七十一字,今异者四百余字。”[⑦]《汉书补注》引朱一新“案,《孝经正义》,王氏考证引《新论》,皆作千八百七十二字。汪本亦作二”[⑧]。王先谦曰:“官本作二。”[⑨]施之勉指出景祐本作“二”。

《汉书》原文:“《五藏六府疝十六病方》四十卷。”[⑩]

施之勉按曰:“景祐本有又音删三字。”[⑪]

今按:“师古曰:疝,心腹气病,音山谏反,又音删。”[⑫]钱大昭指出:“南雍本、闽本山谏反下有又音删三字。”[⑬]朱一新指出:“汪本有三字。”[⑭]王先谦曰:“官本有。”[⑮]施之勉指出景祐本有“又音删”三字。

---

① 施之勉:《汉书集释 · 食货志第四上》,三民书局股份有限公司 2003 年版,第 2207 页。
② 施之勉:《汉书集释 · 食货志第四上》,三民书局股份有限公司 2003 年版,第 2207 页。
③ 施之勉:《汉书集释 · 食货志第四上》,三民书局股份有限公司 2003 年版,第 2207 页。
④ 施之勉:《汉书集释 · 艺文志第十》,三民书局股份有限公司 2003 年版,第 4229 页。
⑤ 施之勉:《汉书集释 · 艺文志第十》,三民书局股份有限公司 2003 年版,第 4229 页。
⑥ 施之勉:《汉书集释 · 艺文志第十》,三民书局股份有限公司 2003 年版,第 4229 页。
⑦ 施之勉:《汉书集释 · 艺文志第十》,三民书局股份有限公司 2003 年版,第 4229 页。
⑧ 施之勉:《汉书集释 · 艺文志第十》,三民书局股份有限公司 2003 年版,第 4229 页。
⑨ 施之勉:《汉书集释 · 艺文志第十》,三民书局股份有限公司 2003 年版,第 4229 页。
⑩ 施之勉:《汉书集释 · 艺文志第十》,三民书局股份有限公司 2003 年版,第 4689 页。
⑪ 施之勉:《汉书集释 · 艺文志第十》,三民书局股份有限公司 2003 年版,第 4689 页。
⑫ 施之勉:《汉书集释 · 艺文志第十》,三民书局股份有限公司 2003 年版,第 4689 页。
⑬ 施之勉:《汉书集释 · 艺文志第十》,三民书局股份有限公司 2003 年版,第 4689 页。
⑭ 施之勉:《汉书集释 · 艺文志第十》,三民书局股份有限公司 2003 年版,第 4689 页。
⑮ 施之勉:《汉书集释 · 艺文志第十》,三民书局股份有限公司 2003 年版,第 4689 页。

与布相望见,隃谓布何苦而反?"①

施之勉按曰:"《史记·布传》隃作遥。"②

今按:"师古曰:隃读曰遥。"③《汉书补注》引钱大昭曰:"隃即遥也。《说文》无遥字。《贾谊传》贵贱有等而下不隃。颜注,隃与逾同。《陈汤传》横厉乌孙逾集都赖。颜注,逾读曰遥。是隃、逾遥字并通用。"④

二、综合前说,提出己见

施之勉在已有的校勘基础上,综合比较前人校勘结论,或提出己见或补充新证,如:

《汉书》原文:"老父曰:乡者夫人儿子皆以君,君相贵不可言。"⑤

施之勉按曰:"《符瑞志》作皆以君,与此合。"⑥

今按:关于文中"以"字,"如淳曰:言并得君之贵相也。以或作似"⑦。而颜师古则曰:"如说非也。言夫人及儿子以君之故,因得贵耳,不当作似也。"⑧《汉书补注》引钱大昭说:《史记》与《论衡·骨相篇》并作"皆似君"。而施之勉在《汉书》中就直接找出"皆以君"的记载,可以说增加了颜师古说的证据。

《汉书》原文:"行数里,醉困卧。"⑨

施之勉按曰:"《御览》八十七引《史记》因作困。"⑩

① 施之勉:《汉书集释·韩彭英卢吴传第四》,三民书局股份有限公司 2003 年版,第 4932 页。
② 施之勉:《汉书集释·韩彭英卢吴传第四》,三民书局股份有限公司 2003 年版,第 4932 页。
③ 施之勉:《汉书集释·韩彭英卢吴传第四》,三民书局股份有限公司 2003 年版,第 4932 页。
④ 施之勉:《汉书集释·韩彭英卢吴传第四》,三民书局股份有限公司 2003 年版,第 4932 页。
⑤ 施之勉:《汉书集释·高帝纪第一》,三民书局股份有限公司 2003 年版,第 14 页。
⑥ 施之勉:《汉书集释·高帝纪第一》,三民书局股份有限公司 2003 年版,第 15 页。
⑦ 施之勉:《汉书集释·高帝纪第一》,三民书局股份有限公司 2003 年版,第 14 页。
⑧ 施之勉:《汉书集释·高帝纪第一》,三民书局股份有限公司 2003 年版,第 14 页。
⑨ 施之勉:《汉书集释·高帝纪第一》,三民书局股份有限公司 2003 年版,第 18 页。
⑩ 施之勉:《汉书集释·高帝纪第一》,三民书局股份有限公司 2003 年版,第 18 页。

今按:王先谦《汉书补注》曰,官本“困”作“因”,《史记》同。单从文意而言,“困”字较“因”为胜。如周寿昌云:“监本、凌稚隆本亦作因。据文义,始曰被酒,中曰醉,末曰醉困卧,情事明有次第,言醉后行数里而困,故卧也。”[①]施之勉别出心裁,根据《太平御览》所引内容指出“因作困”,把问题引到《史记》本身所载文字不一致的同时,也表明了自己的观点。

《汉书》原文:“汉十年,豨果反,高帝自将而往,信病不从。”[②]

施之勉按曰:“景祐本有称字。”[③]

今按:“宋祁曰:浙本病字上有称字。”[④]钱大昭亦说:“南监本、闽本有称字。”[⑤]而周寿昌认为:“病与称病,情事绝异。观下相国给信语,则信病非假称也。《史记》亦云信病,无称字。”[⑥]施之勉指出景祐本有“称”字。此条比较典型,有较为重要的史学意义。

三、发现新证,提出见解

施之勉在校勘时,亦能发现前人未指出之异文,其多在按语中补充。

(一)据景祐本,指出颜注、王注未曾指出的异文

《汉书》原文:“四癸亥。初元二年。”[⑦]

施之勉按曰:“景祐本无初元二年注四字。”[⑧]

今按:“《补注》钱大昕曰:元统。”[⑨]施之勉指出景祐本中无“初元二年”四

---

① 施之勉:《汉书集释·高帝纪第一》,三民书局股份有限公司 2003 年版,第 18 页。
② 施之勉:《汉书集释·韩彭英卢吴传第四》,三民书局股份有限公司 2003 年版,第 4906 页。
③ 施之勉:《汉书集释·韩彭英卢吴传第四》,三民书局股份有限公司 2003 年版,第 4906 页。
④ 施之勉:《汉书集释·韩彭英卢吴传第四》,三民书局股份有限公司 2003 年版,第 4906 页。
⑤ 施之勉:《汉书集释·韩彭英卢吴传第四》,三民书局股份有限公司 2003 年版,第 4906 页。
⑥ 施之勉:《汉书集释·韩彭英卢吴传第四》,三民书局股份有限公司 2003 年版,第 4906 页。
⑦ 施之勉:《汉书集释·律历志第一下》,三民书局股份有限公司 2003 年版,第 2130 页。
⑧ 施之勉:《汉书集释·律历志第一下》,三民书局股份有限公司 2003 年版,第 2130 页。
⑨ 施之勉:《汉书集释·律历志第一下》,三民书局股份有限公司 2003 年版,第 2130 页。

字,提供了新的校勘意见。

间有未能标明版本的情况,如:

《汉书》原文:"或说龙且曰:汉兵远斗,穷寇战,锋不可当也。"①

施之勉按曰:"一本,战锋作其锋。"②

今按:施之勉指出有版本战锋作其锋,但没有标明版本。

(二)引出新的书证,指出新的异文

《汉书》原文:"长沙共王若嗣。"③

施之勉按曰:"《史记·汉兴诸侯年表》若作右。《四库全书考证》曰,若,《吴芮传》作右。"④

今按:施之勉指出《史记·汉兴诸侯年表》若作右。《四库全书考证》若亦作右,是故此处当为"右嗣"。

《汉书》原文:"卒然边境有急,数十百万之众,国胡以馈之。"⑤

施之勉按曰:"《通典》无百字。"⑥

今按:"《补注》王先谦曰:官本十作千。"⑦施之勉根据《通典》中并无"百"字,为校勘增加新的内容。

《汉书》原文:"梁尝杀人,与籍避仇吴中。吴中贤士大夫皆出梁下。"⑧

① 施之勉:《汉书集释·韩彭英卢吴传第四》,三民书局股份有限公司2003年版,第4896页。
② 施之勉:《汉书集释·韩彭英卢吴传第四》,三民书局股份有限公司2003年版,第4896页。
③ 施之勉:《汉书集释·异姓诸侯王表第一》,三民书局股份有限公司2003年版,第948页。
④ 施之勉:《汉书集释·异姓诸侯王表第一》,三民书局股份有限公司2003年版,第948页。
⑤ 施之勉:《汉书集释·食货志第四上》,三民书局股份有限公司2003年版,第2197页。
⑥ 施之勉:《汉书集释·食货志第四上》,三民书局股份有限公司2003年版,第2197页。
⑦ 施之勉:《汉书集释·食货志第四上》,三民书局股份有限公司2003年版,第2197页。
⑧ 施之勉:《汉书集释·陈胜项籍传第一》,三民书局股份有限公司2003年版,第4741页。

施之勉按曰:"《御览》八十七引《史记》,无中字。"①

今按:施之勉据《太平御览》指出其八十七所引《史记》无中字。

《汉书》原文:"乃晨炊蓐食。"②

施之勉按曰:"《风俗通义·穷通篇》作乃晨早食。"③

今按:"张晏曰:未起而床蓐中食。"④《汉书补注》王引之曰:"方言蓐,厚也。厚食,犹言多食。说见经义述闻秣马蓐食下。"⑤施之勉指出《风俗通义·穷通篇》作乃晨早食。

施之勉校勘时着眼于颜师古注所保存的异文材料及王先谦《汉书补注》中的材料,或佐证二者之说,或订正二者的讹误。施之勉在集释的过程中,亦能在前人的基础上,发现新的异文,提出己见。另外,通过以上分析可以看出,施之勉在集释《汉书》的过程中多注意不同典籍之间引文的比对,并以对校及他校等校勘方法,校勘《汉书》《史记》等诸书讹误,进一步推动《汉书》校勘的实践。在校勘版本方面,施之勉虽多据景祐本,然其并未据单一版本考察讹误,而是广泛涉及黄善夫刻本、闽本、武英殿本等,保证了校勘的准确性。

---

① 施之勉:《汉书集释·陈胜项籍传第一》,三民书局股份有限公司2003年版,第4741页。
② 施之勉:《汉书集释·韩彭英卢吴传第四》,三民书局股份有限公司2003年版,第4875页。
③ 施之勉:《汉书集释·韩彭英卢吴传第四》,三民书局股份有限公司2003年版,第4875页。
④ 施之勉:《汉书集释·韩彭英卢吴传第四》,三民书局股份有限公司2003年版,第4875页。
⑤ 施之勉:《汉书集释·韩彭英卢吴传第四》,三民书局股份有限公司2003年版,第4875页。

第四章 《汉书集释》的特色

——以《艺文志》为例

刘向奉诏校理群书而成《别录》，后刘歆继承父业，对群书进行分类整理而成《七略》。《别录》《七略》对西汉和汉以前的书籍进行了系统的整理，作为我国目录学的肇始之作，对于后世目录学的发展影响深远。刘向和刘歆父子对汉世书籍的整理是汉代文化整合的重要组成部分，班固在撰写《汉书》时即吸收了《七略》这一成果，“删其要，以备篇籍”而成《艺文志》。大约唐宋之际，《别录》《七略》亡佚。《艺文志》是删取《七略》而来，具有重要的目录学价值及学术史价值，同时其开创了史志目录的先河，以及保存了《七略》的原貌，因此吸引了后世学者不断地对其进行研究。施之勉的“艺文志集释”是《汉书集释》中完成较早且有代表性的一部分，在《艺文志补注》成书后，“艺文志集释”是首次汇集诸如姚振宗、杨树达等诸说的集释之作，在推动《艺文志》诸成果集释工作的延续上，具有承前启后的里程碑意义。故本章即以“艺文志集释”为例，分析《汉书集释》的成就。

第一节 《艺文志》研究概况

在《汉书》研究的初始阶段，注解为学者采取的主要研究形式，其中流传最广，也最具代表性的当数颜师古注。宋代王应麟撰《汉艺文志考证》，开始了对《汉书·艺文志》的考证研究。清代王先谦的《汉书补注》为注解的集大成之作，梳理了自唐代颜师古注《汉书》开始至清中前期的注释之说，其中有关《艺文志》的注解成为后世《艺文志》研究过程中的重要注本。若论及清代学者研究《艺文志》的集大成者，当首推姚振宗，其所著《汉书艺文志拾补》《汉书艺文志条理》,是对《艺文志》的篇目及内容的补充与考辨。此外如沈钦韩《汉书疏证》、周寿昌《汉书注校补》等《汉书》研究专著中包含的有关《艺文志》的研究成果,亦具有重要的研究价值。近代以来,不断涌现诸如姚明辉《汉书艺文志注解》、顾实《汉书艺文志讲疏》、陈国庆《汉书艺文志注释汇编》以及张舜徽《汉书艺文志通释》等对前人成果加以分析论说,并进一步深化《艺文志》研究与考证的专著。

清代是我国古代学术的总结期,如果说王先谦"艺文志补注"部分是对《艺文志》注释工作的总结,那么,姚振宗的研究则是对《艺文志》研究成果的梳理与汇总,而顾实、张舜徽等人则深化了《艺文志》的研究。施之勉所作"艺文志集释"是对《艺文志》研究成果的汇释,主要补充吸收了姚振宗《汉书艺文志条理》,并辅以杨树达《汉书窥管》等书。进入 21 世纪,学者多以整体性研究视角切入研究,如傅荣贤的《〈汉书 · 艺文志〉研究源流考》,是在其硕士学位论文《历代〈汉书 · 艺文志〉研究源流考略》[①]基础上扩充而来的,对历代研究《艺文志》的著作划分类别,梳理源流。尹海江的《〈汉书 · 艺文志〉辑论》分上下篇,上篇即讨论《艺文志》的体例及版本诸问题,下篇是对《艺文志》中《六艺略》著录的典籍予以辑注,由于此书在其博士学位论文《〈汉书 · 艺文志〉研究——以〈六艺略〉为中心》[②]基础上编制而来,故受内容体量的限制未对《艺文志》做全部的辑注工作。

此外,也有学者以单篇研究文章为切入点不断深入探讨《艺文志》相关问题。《艺文志》继承《别录》《七略》而来,其在目录学史以及学术史上均具有重要地位,因此对其进行研究的论文角度较多。在《艺文志》著录方面,有傅荣贤的《〈汉书 · 艺文志〉见著文献数量统计》[③]等文章,其对《艺文志》著录文献的流传进行了考证。在学术史方面,由于《艺文志》代表了周秦两汉的学术总结,故学者多深究其所反映的汉代学术史,如倪晓建的《试谈〈汉书 · 艺文志〉的学术史内容》[④],梁振杰的《〈汉书 · 艺文志〉与先秦诸子学术》[⑤]。从《艺文志》所载六分法至《隋书 · 经籍志》确立四分法,书籍分类的变化与整合反映了学术的变

① 傅荣贤:《历代〈汉书 · 艺文志〉研究源流考略》,西南师范大学硕士学位论文,2004 年。
② 尹海江:《〈汉书 · 艺文志〉研究——以〈六艺略〉为中心》,浙江大学博士学位论文,2007 年。
③ 傅荣贤:《〈汉书 · 艺文志〉见著文献数量统计》,载《图书馆理论与实践》2004 年第 3 期。
④ 倪晓建:《试谈〈汉书 · 艺文志〉的学术史内容》,载《黑龙江图书馆》1980 年 4 期。
⑤ 梁振杰:《〈汉书 · 艺文志〉与先秦诸子学术》,载《史学月刊》2015 年第 9 期。

化,故陈静敏的《简析从〈汉书·艺文志〉到〈隋书·经籍志〉的学术转变》①即以此角度进行分析。

在目录学方面,学者主要研究《艺文志》与《别录》《七略》的关系,如陈麦青的《从班固自注看〈汉书·艺文论〉对〈七略〉的继承和创新》②,周丕显的《两汉时期的目录学——试论〈别录〉、〈七略〉和〈汉书·艺文志〉》③,王筱筠的《论〈汉书·艺文志〉对〈七略〉的继承创新及其在我国目录学史上的地位》④。另一类研究则从目录体例入手,探析六分法向四分法转变的进程及原因,如姜汉卿、傅荣贤的《管窥〈四库总目〉对〈汉书·艺文志〉的研究》⑤。由于班固在吸收《别录》《七略》后,对原有著录进行了调整,故其体例亦具有特殊性,许多学者对此类问题进行了探讨,如杨玉麟的《〈汉书·艺文志〉著录体例探微:纪念班固卒世1900年》⑥,尹海江的《论〈汉书·艺文志〉的图书分类》⑦,曹宁的《〈汉书·艺文志〉篇卷问题新论》⑧等。

除从体例、学术史等整体观照《艺文志》研究外,对于"六艺略、诸子略"等每一种类的专论研究,亦是《艺文志》研究中不可忽视的部分,如柳长华的《〈汉书·艺文志〉对医经与经方的著录》⑨,严正的《〈汉书·艺文志〉著录小学类文献研究》⑩,李昶的《〈汉书·艺文志·诸子略〉研究》⑪,陈刚的《〈汉书·艺文志·诗赋略〉赋之分类研究述略》⑫,江玲的《〈汉书·艺文志·数术略〉研究及

---

① 陈静敏:《简析从〈汉书·艺文志〉到〈隋书·经籍志〉的学术转变》,载《文学界(理论版)》2010年第7期。

② 陈麦青:《从班固自注看〈汉书·艺文论〉对〈七略〉的继承和创新》,载《图书馆研究与工作》1981年第3期。

③ 周丕显:《两汉时期的目录学——试论〈别录〉、〈七略〉和〈汉书·艺文志〉》,载《兰州大学学报(社会科学版)》1984年第4期。

④ 王筱筠:《论〈汉书·艺文志〉对〈七略〉的继承创新及其在我国目录学史上的地位》,载《河南高校图书情报工作》1997年第4期。

⑤ 姜汉卿、傅荣贤:《管窥〈四库总目〉对〈汉书·艺文志〉的研究》,载《图书馆论坛》2005年第6期。

⑥ 杨玉麟:《〈汉书·艺文志〉著录体例探微:纪念班固卒世1900年》,载《陕西图书馆》1991年第4期。

⑦ 尹海江:《论〈汉书·艺文志〉的图书分类》,载《中南大学学报(社会科学版)》2006年第4期。

⑧ 曹宁:《〈汉书·艺文志〉篇卷问题新论》,载《图书馆杂志》2013年第8期。

⑨ 柳长华:《〈汉书·艺文志〉对医经与经方的著录》,载《中国典籍与文化》1999年第3期。

⑩ 严正:《〈汉书·艺文志〉著录小学类文献研究》,载《图书馆界》2005年第3期。

⑪ 李昶:《〈汉书·艺文志·诸子略〉研究》,福建师范大学硕士学位论文,2008年。

⑫ 陈刚:《〈汉书·艺文志·诗赋略〉赋之分类研究述略》,载《文献》2011年第2期。

补编》[①]。由于经学、文学及诸子学研究的繁荣,相对而言,对于《艺文志》中的方技略、数术略的关注则较少。

在研究阶段的总结上,学者多以历史朝代进行分期,总结介绍每一时期推动《艺文志》研究进程的著作,如谌三元的《历代〈汉书·艺文志〉研究综述》[②],杜志勇的《〈汉书·艺文志〉研究述略》[③],钟云瑞的《历代〈汉书·艺文志〉研究专书综述》[④]。其中所提及的均是王应麟、王先谦、姚振宗、杨树达等人之著作。

综上可以看出,自王先谦《艺文志补注》之后,虽然学界对于《艺文志》的研究在不断深入,但缺乏成果汇集的著作。故在20世纪末期完成的"艺文志集释",即具有了承前启后的历史性意义。其增加了1912—1949年间的成果,并补充清及清前王先谦遗漏和未见之成果,同时也开启了20世纪末期以来对《艺文志》整体性研究与成果汇总的研究趋势,如前文提到的尹海江汇集《六艺略》成果的《〈汉书·艺文志〉辑论》即为其中代表。"艺文志集释"是《汉书集释》中较早完成且具有代表性的一部分,对其进行梳理与研究,于新世纪《艺文志》集释工作具有指导意义。

第二节 "艺文志集释"注释特点

"艺文志集释"作为集众家研究《艺文志》成果之作,广征博引网罗众说,在处理大量材料的过程中,施之勉能够做到甄别取舍,而非简单地罗列众说。诸家研究成果中需要史实补充的地方,施之勉就征引《史记》《汉书》等史料进行佐证,丰富史实。同时,施之勉重视文字的校勘,在按语中多有补充版本差别的内容。

---

① 江玲:《〈汉书·艺文志·数术略〉研究及补编》,西南大学硕士学位论文,2016年。

② 谌三元:《历代〈汉书·艺文志〉研究综述》,载《图书馆》2000年第2期。

③ 杜志勇:《〈汉书·艺文志〉研究述略》,载《燕赵学术》2013年第2期。

④ 钟云瑞:《历代〈汉书·艺文志〉研究专书综述》,载《安徽文学(下半月)》2014年第5期。

一、甄别取舍

对于《艺文志》的研究，从注释语言的训释到旁征博引的综合研究，其目的就是让人们明晰《艺文志》之说。由汉迄今，相关研究著述数量众多，施之勉在引述诸家成果的时候，对所有成果进行了一定的甄别取舍，如字词简单、今人理解没有偏差的就删减掉。如《艺文志·总序》："每一书已，向辄条其篇目，撮其旨意，录而奏之。"颜师古注："已，毕也。撮，总取也。音千括反。"施之勉征引颜注就删去了"已，毕也"。由于在语境中先有校书工作完毕，后有刘向条篇目、撰叙录，则"已"完毕之义明晰，此为"已"习用语义，所以施之勉删去颜注对"已"的训释。如不易理解或易于产生误解的，施之勉就保留下来。同样以"已"为例："或取春秋，采杂说，咸非其本义。与不得已，鲁最为近之。"颜师古注"与不得已者，言皆不得也"，此处"已"为语气词，训释有助于理解文义，所以施之勉征引颜师古注就没有删减。

施之勉的集释工作是在吸收王先谦《汉书补注》的基础上，增补相关研究成果，汇集众说而成的，在整理的过程中，对相关内容有一定的增删和改动，如：

> 《汉书》原文："或取春秋，采杂说，咸非其本义。与不得已，鲁最为近之。"①

颜师古曰："与不得已者，言皆不得也。三家皆不得其真，而鲁最近之。"②

王先谦《汉书补注》曰："与、已，皆语词，颜说是也。但此谓齐、韩二传推演之词，皆非本义，不得其真耳，非并鲁诗言之。鲁最为近者，言齐、韩训故，亦各有取，惟鲁最优。颜谓三家皆不得，谬矣。既不得其真，何言最近乎。"③

今按：此处施之勉引王先谦说，就删去了版本信息"官本注'家'下'者'作'皆'"④。施之勉引颜师古注"者"作"皆"，所以在征引王先谦说的时候删去了

① 施之勉：《汉书集释·艺文志第十》，三民书局股份有限公司2003年版，第4103页。
② 施之勉：《汉书集释·艺文志第十》，三民书局股份有限公司2003年版，第4103页。
③ 施之勉：《汉书集释·艺文志第十》，三民书局股份有限公司2003年版，第4103—4104页。
④ 班固撰，王先谦补注：《汉书补注（六）》，上海古籍出版社2008年版，第2917页。

这个版本信息。

在他说论证详明的情况下,又出现重复论证的,施之勉多不予采纳,如:

《汉书》原文:“每一书已,向辄条其篇目,撮其旨意,录而奏之。”①

杨树达曰:“按,向叙录今存者,有《战国策》、《管子》、《晏子》、《列子》、《荀子》、《邓析子》、《说苑》七篇。其《关尹子》、《子华子》二篇,伪托不足信。”②

今按:施之勉所引杨树达按语出自杨树达《汉书窥管》,其总结了现存刘向撰写的叙录的存世情况。陈国庆《汉书艺文志注释汇编》也有相似的说法③,但因为成书晚于《汉书窥管》,故施之勉在征引时只取杨氏之说,而未收录陈氏之语。

另,施之勉集释《艺文志》的过程中,亦并非全部训释,时有删除小序之语,如“三家皆列于学官”④、“二者相与并行”⑤及“六艺群书所载略备矣”⑥等。

二、广征博引

作为集释《汉书》之作,施之勉在《汉书补注》的基础上又征引了大量文献典籍。通过翻查核对发现,施之勉广征博引了大量研究《艺文志》的著作,如王应麟《汉艺文志考证》、姚振宗《汉书艺文志条理》、陈国庆《汉书艺文志注释汇编》、姚明辉《汉书艺文志注解》(又名《汉书艺文志姚氏学》),研究《汉书》时涉及《艺文志》的著作,如凌稚隆《汉书评林》、杨树达《汉书窥管》。施之勉并未局限于汇集研究《艺文志》的成果,如需补充史实,施之勉会征引《史记》《汉书》等典籍,如姚范《援鹑堂笔记》、王国维《观堂别集》、王观国《学林》、成瓘《篛园日

① 施之勉:《汉书集释 · 艺文志第十》,三民书局股份有限公司 2003 年版,第 4029 页。
② 施之勉:《汉书集释 · 艺文志第十》,三民书局股份有限公司 2003 年版,第 4029 页。
③ 《汉书艺文志注释汇编》:“按:向所做的《书录》,其附在本书的,谓之《叙录》。现今所存的,只《战国策》、《管子》、《晏子》、《列子》、《荀子》、《邓析子》、《说苑》七书中各一篇,共七篇。其他如《关尹子》、《子华子》二书中之《叙录》,伪托不足信。”(陈国庆:《汉书艺文志注释汇编》,中华书局 1983 年版,第 6 页。)
④ 班固:《汉书 · 艺文志第十》,中华书局 1962 年版,第 1708 页。
⑤ 班固:《汉书 · 艺文志第十》,中华书局 1962 年版,第 1711 页。
⑥ 班固:《汉书 · 艺文志第十》,中华书局 1962 年版,第 1721 页。

札》、周寿昌《汉书注校补》、朱熹《朱子语录》、郑玄《周礼注》、郑樵《通志》、洪迈《容斋随笔》、黄震《黄氏日钞》、毛奇龄《经问》、章学诚《校雠通义》等。

三、补充史实

施之勉在集释的过程中，重视用史料对文义及诸家论述进行补充，目的是增加集释的完整性与丰富性，如：

《汉书》原文："《孟子》十一篇。名轲，邹人，子思弟子，有列传。"①

施之勉按曰："《史记·孟子列传》孟轲，邹人也。司马贞《索隐》曰，邹，鲁地名，则孟子为鲁国邹邑人也。又，《春秋序》，孟子曰，楚谓之《梼杌》，晋谓之《乘》，鲁谓之《春秋》，其实一也。陆德明《释文》曰：孟轲，鄹邑人。鄹《左传》作郰。《说文》亦作郰。《说文》云，鲁下邑，孔子乡，则孟子与孔子皆为鄹邑人，皆为鲁国人矣。"②

今按：施之勉自注按语，引"《史记·孟子列传》《史记索隐》《春秋序》"等指出邹属鲁地，孟子与孔子同乡，均为鲁国人。又如：

《汉书》原文："《广川惠王越赋》五篇。"③

王先谦《汉书补注》曰："景帝子。"④

"姚振宗曰：本书《景十三王传》广川惠王越，以孝景中二年立，十三年，薨。又曰：又《本纪》孝景中二年，夏四月，立皇子越为广川王。孝武建元五年，秋八月，广川王越薨。"⑤

今按：王先谦注广川惠王为景帝之子，施之勉引姚振宗语进一步补充有关广川惠王的史实。姚振宗据《汉书·景十三王传》及《本纪》佐证越为景帝之

---

① 施之勉：《汉书集释·艺文志第十》，三民书局股份有限公司2003年版，第4278页。
② 施之勉：《汉书集释·艺文志第十》，三民书局股份有限公司2003年版，第4278页。
③ 施之勉：《汉书集释·艺文志第十》，三民书局股份有限公司2003年版，第4519页。
④ 施之勉：《汉书集释·艺文志第十》，三民书局股份有限公司2003年版，第4519页。
⑤ 施之勉：《汉书集释·艺文志第十》，三民书局股份有限公司2003年版，第4519页。

子,并指出其在孝景中二年即公元前148年被立为广川惠王,《汉书·景十三王传》记载其在位十三年后去世,《本纪》记载其薨于孝武建元五年,即公元前136年,从公元前148年至公元前136年,共计13年,《汉书·景十三王传》与《本纪》所记时间相同。又如:

《汉书》原文:"《甯越》一篇。中牟人,为周威王师。"①

姚振宗曰:"《秦始皇本纪》引贾生之言曰,当是时,齐有孟尝,赵有平原,楚有春申,魏有信陵,约从,离横,并韩、魏、燕、楚、齐、赵、宋、卫、中山之众,于是六国之士,有宁越、徐尚、苏秦、杜赫之属为之谋。《索隐》曰,宁越,赵人。"②

今按:姚振宗《汉书艺文志条理》引《史记·秦始皇本纪》《史记索隐》说明"甯越"即为"宁越",赵人,为六国时谋士。施之勉引姚说补充《艺文志》没有说的内容。

四、重版本校勘

诸家成果中王先谦的《汉书补注》和杨树达的《汉书窥管》,保存了大量《汉书》版本异同的情况,施之勉多加以保留,并常在按语中增加版本信息,以补充或佐证王先谦之说,如:

《汉书》原文:"是时始造隶书矣。"③

王先谦曰:"官本,造作建,引宋祁曰,建当作造。"④

施之勉按曰:"景祐本作造。"⑤

今按:王先谦指出官本"造"作"建",宋祁则认为作"造"者为确,施之勉补充景祐本作"造"。

① 施之勉:《汉书集释·艺文志第十》,三民书局股份有限公司2003年版,第4290页。
② 施之勉:《汉书集释·艺文志第十》,三民书局股份有限公司2003年版,第4290页。
③ 施之勉:《汉书集释·艺文志第十》,三民书局股份有限公司2003年版,第4255页。
④ 施之勉:《汉书集释·艺文志第十》,三民书局股份有限公司2003年版,第4255页。
⑤ 施之勉:《汉书集释·艺文志第十》,三民书局股份有限公司2003年版,第4255页。

《汉书》原文:“《侯子》一篇。”①

李奇曰:“或作侔子。”②

王先谦《汉书补注》曰:“官本,侯作俟。陶宪曾云,官本是也。《广韵》六止俟下云,又姓。《风俗通》云,有俟子,古贤人,著书。”③

施之勉按曰:“景祐本作俟子。”④

今按:兵技巧家“侯子”在流传过程中字形讹误出现了不同的版本,李奇指出有版本作“侔子”,王先谦根据官本认为应作“俟子”,并引述《广韵》和《风俗通》佐证己说。施之勉补充景祐本作“俟子”以支持王说。又如:

《汉书》原文:“《平原君》七篇。朱建也。”⑤

王先谦《汉书补注》曰:“建有传,当次下《高祖传》后。官本,君作老。引宋祁曰,老一作君。案,高似孙子略亦作老。”⑥

施之勉按曰:“景祐本作君。”⑦

杨树达曰:“按,沈涛云,书既为建作,不应厕鲁连虞卿之间。盖后人误以为六国之平原君而移易其次第。树达按,景祐本作平原君。老是误字。王引子略,殊为无谓。”⑧

今按:据宋祁校《汉书》语和杨树达按语可知在宋代已有“平原君”“平原老”两种版本,宋祁本作“老”而景祐本则作“君”。《汉书补注》依据宋祁本及官本主张作“老”,并以高似孙引《汉书》亦作“老”佐证之。杨树达在《汉书窥管》中认为“老”为误字,并指出《汉书补注》以高氏的引文佐证《汉书》版本问题,例证不够典型。施之勉引杨树达说,主张当从景祐本作“君”。

① 施之勉:《汉书集释·艺文志第十》,三民书局股份有限公司2003年版,第4295页。
② 施之勉:《汉书集释·艺文志第十》,三民书局股份有限公司2003年版,第4295页。
③ 施之勉:《汉书集释·艺文志第十》,三民书局股份有限公司2003年版,第4295页。
④ 施之勉:《汉书集释·艺文志第十》,三民书局股份有限公司2003年版,第4295页。
⑤ 施之勉:《汉书集释·艺文志第十》,三民书局股份有限公司2003年版,第4299页。
⑥ 施之勉:《汉书集释·艺文志第十》,三民书局股份有限公司2003年版,第4299页。
⑦ 施之勉:《汉书集释·艺文志第十》,三民书局股份有限公司2003年版,第4299页。
⑧ 施之勉:《汉书集释·艺文志第十》,三民书局股份有限公司2003年版,第4299页。

《汉书》原文:“《龟书》五十二卷。”①

“《补注》沈钦韩曰:‘《隋志》《龟经》一卷,晋掌卜大夫史苏撰。《崇文总目》三卷,而五十二卷之书亡矣。《史记》褚先生《补龟策传》所载,其大略也。’朱一新曰:‘汪本作五十三卷。’王先谦曰:‘《汉志》考亦五十二卷。知宋本相承作二,三字误。’”②

施之勉按曰:“景祐本作五十二卷。”③

今按:朱一新校勘明汪文盛刊本《龟书》为“五十三卷”,王先谦《汉书补注》根据《崇文总目》和王应麟《汉艺文志考证》认为宋本《汉书》作“五十二卷”,认为明汪本作“三”之误。施之勉引景祐本作“五十二卷”佐证《汉书补注》。

五、间接称引

施之勉著《汉书集释》以“某某曰”汇集众说,涉及《汉书补注》的就说“《补注》某某曰”,根据所列作者及引文内容可查出对应著作,经查阅,在施之勉所引诸书中,大部分为直接称引,即所列内容出自对应著作,但仍有大量引文为间接称引,即所列名目与对应著作不相符。

《汉书》原文:“昔仲尼没而微言绝。”④

施之勉引顾实曰:“百家之文亦称微言,《论语谶》曰,子夏六十四人,共撰仲尼微言,《论语》即是。仲尼久没,故云绝矣。”⑤

今按:顾实所撰著作中,《汉书艺文志讲疏》与《艺文志》研究有关,但是经过比对,此段文字并非出自《汉书艺文志讲疏》,而是出自陈国庆《汉书艺文志注释汇编》。施之勉在汇编《艺文志》研究成果时收录并改动了《汉书艺文志讲

① 施之勉:《汉书集释·艺文志第十》,三民书局股份有限公司2003年版,第4644页。
② 施之勉:《汉书集释·艺文志第十》,三民书局股份有限公司2003年版,第4644页。
③ 施之勉:《汉书集释·艺文志第十》,三民书局股份有限公司2003年版,第4644页。
④ 施之勉:《汉书集释·艺文志第十》,三民书局股份有限公司2003年版,第4023页。
⑤ 施之勉:《汉书集释·艺文志第十》,三民书局股份有限公司2003年版,第4023—4024页。

疏》,而《汉书艺文志讲疏》原文作:

百家之文亦称微言。《论语谶》曰:"子夏六十四人共撰仲尼微言。"然则仲尼微言,《论语》即是。仲尼久殁,难再续记,故云绝矣。①

陈国庆引用时删去了"然则仲尼微言"及"难再续记",并改"殁"为"没"。此处陈氏改动虽未影响文义,但终究与原文有异,如不核对顾实原文,则易误以为施之勉所引为顾实原文。

施之勉在引用王先谦《汉书补注》时,如果是王先谦自己的观点,就明确标注"《补注》王先谦曰",如果是王先谦引他说,少数标注出处,如"《补注》沈钦韩曰""《补注》王应麟曰",多数就单列之,给人以直接引用的错觉,如"沈钦韩""陶宪曾",此处以所引陶宪曾为例。

《汉书》原文:"步兵校尉任宏校兵书,太史令尹咸校数术,侍医李方国校方技。"②

陶宪曾曰:"据《哀纪》、《公卿表》有任宏字伟公,为执金吾,守大鸿胪,盖即其人。"③

《汉书》原文:"右兵技巧十三家,百九十九篇。省《墨子》重,入《蹴》也。"④

《汉书补注》陶宪曾曰:"省《墨子》重者,盖《七略》《墨子》七十一篇入墨家。又择其中言兵技巧者十二篇,重收入此。"⑤

今按:后者明确标注此段引文转引自《汉书补注》,而前者施之勉则只说陶宪曾,没有说《汉书补注》,经查阅,此段文字亦为施之勉转自《汉书补注》。转

① 顾实:《汉书艺文志讲疏》,上海古籍出版社 2009 年版,第 2 页。
② 施之勉:《汉书集释 · 艺文志第十》,三民书局股份有限公司 2003 年版,第 4028 页。
③ 施之勉:《汉书集释 · 艺文志第十》,三民书局股份有限公司 2003 年版,第 4028 页。
④ 施之勉:《汉书集释 · 艺文志第十》,三民书局股份有限公司 2003 年版,第 4586 页。
⑤ 施之勉:《汉书集释 · 艺文志第十》,三民书局股份有限公司 2003 年版,第 4586—4587 页。

引他说不加核对就不能确定原称引者是否节略,甚至断章取义。这种节引或意引后的论述,经过称引者的主观增删改动后,易出现文字讹误及理解偏差。

> 《汉书》原文:“《召诰》脱简二。率简二十五字者,脱亦二十五字。简二十二字者,脱亦二十二字。”①

阎若璩曰:“盖伏生写此二篇,《酒诰》率以若干字为一简,《召诰》以若干字为一简,三家因之而不敢易也。向校中古文校外书,此之所有,即彼之所脱。窃以上下相承文理言之,则二十五字乃《酒诰》之简,二十二字乃《召诰》之简。《酒诰》脱简一,则中古文多二十五字。《召诰》脱简二,则中古文多四十四字也。”②

今按:经过核对文字及句读,施之勉此处所引转自《汉书艺文志注释汇编》。《汉书艺文志注释汇编》原文作:

> 阎若璩《尚书古文疏证》云:盖伏生写此二篇,《酒诰》率以若干字为一简,《召诰》以若干字为一简,三家因之而不敢易也。向据中古文校外书,此之所有,知彼之所脱。窃以上下相承文理言之,则二十五字乃《酒诰》之简,二十二字乃《召诰》之简。《酒诰》脱简一,则中古文多二十五字;《召诰》脱简二,则中古文多四十四字也。③

《汉书艺文志注释汇编》所引此段论述《召诰》《酒诰》脱简的文字为阎若璩《尚书古文疏证》的节略版本,而且文字也有不同。阎若璩原文在“知彼之所脱”与“窃以上下相承文理言之”中间仍有大段关于脱简问题的论述,并且“此之所有”前有“以”字④,与“知彼之所脱”在句法结构上保持一致,阐明了刘向以中书对校外书的方法。但是《汉书艺文志注释汇编》在征引时节略了阎若璩的论述,并脱去“以”字,句法结构失去平衡,施之勉对《汉书艺文志注释汇编》二

① 施之勉:《汉书集释·艺文志第十》,三民书局股份有限公司 2003 年版,第 4078 页。
② 施之勉:《汉书集释·艺文志第十》,三民书局股份有限公司 2003 年版,第 4079 页。
③ 陈国庆:《汉书艺文志注释汇编》,中华书局 1983 年版,第 33 页。
④ 参见阎若璩:《尚书古文疏证》,上海书店出版社 2012 年版,第 223—224 页。

次征引时，就直接将"知"改为"即"，重新平衡"此之所有"和"彼之所脱"的句法结构，表达了对校两书完全一致的对应关系。而阎若璩原文用"知"没有表达断然确定的关系，二者在表述上存在明显差异。在两书对校的过程中，如有异文，需要谨慎地考证推敲后，方可确定一书"所有"即为另一书"所脱"，确立对应关系。《汉书艺文志注释汇编》征引阎若璩的观点时虽然句法结构失去平衡，但是句意没有改变，施之勉间接征引后改变引文，致使文义发生变化，且将"向据中古文校外书"误写成"向校中古文校外书"，改变了中书外书对校的文义。

通过以上分析可知，施之勉汇集众说，大量地征引与《艺文志》研究相关的研究成果，所引典籍较为宏富，其中多数为直接引自原书，但是也有很大一部分成果为间接称引，此引文多与原文有文字出入，施之勉没有进行核对，较为遗憾。对于《艺文志》，凡涉及篇目的考证与研究，施之勉均征引材料，多加论述，其中在史实的补充及文字校勘方面致力颇多，但是对于《艺文志》序言中易于理解的，施之勉就删除，不加以论述。

第三节　"艺文志集释"对《汉书补注》的继承与发展

王先谦《汉书补注》以颜师古注《汉书》为基础，汇集唐至清代研究《汉书》诸说，具有里程碑意义。但是王先谦同时代研究《汉书》的著述，以及《汉书补注》成书后的研究成果，并没有被进一步集中整理，而这正是施之勉集释的主要方向。施之勉在继承《汉书补注》研究成果的基础上，对其不足之处，广征博引予以驳正，需补充阐发之处，亦援引诸说予以证之。

一、补充《汉书补注》

施之勉对于《汉书补注》的补充主要分为四方面：一是王先谦未收入的清代及清代以前诸家之成果，如姚振宗、姚范等人；二是清代以来研究《艺文志》诸成果，如杨树达、陈国庆等；三是补充版本信息；四是补充文献资料，如《史记》《汉书》《说文》《文选》等。

(一)补充清代未收录成果

《汉书》原文:"《杨氏》二篇。名何,字叔元,菑川人。"①

《汉书补注》引王应麟曰:"太史公受《易》于杨何。"②

王先谦曰:"《儒林传》何受《易》王同。"③

姚振宗曰:"《史记·儒林传》田何传东武人王同。同传淄川人杨何,何以《易》,元光元年征,官至中大夫。齐人即墨成,以《易》至城阳相。广川人孟但,以《易》为太子门大夫。鲁人周霸、莒人衡胡、临菑人主父偃,皆以《易》至二千石。然要言《易》者,本于杨何之家。"④

又曰:"本书《儒林传》,田何授东武王同。同授淄川杨何,字叔元。元光中,征为大中大夫。又传赞曰:初唯有易杨。"⑤

又曰:"王氏考证,太史公司马谈受《易》于杨何。晁氏曰,商瞿受《易》孔子,五传而至田何。汉之《易》家,盖自田何始。何而上,未尝有书。管辂谓《易》安可注者,其得先儒之心欤。《易》家著书自王同始,学官自杨何始,所谓易杨者是也。"⑥

今按:此处王先谦引王应麟和《儒林传》关于杨何记载相对简约,而姚振宗则具体阐明了杨何学术的授受关系,施之勉引之以补充《汉书补注》注释简约之不足。据《史记·儒林传》和《汉书·儒林传》的记载,杨何《易》的学术脉络源自王同,而王同受《易》于田何,上溯可追至孔子。由此可知王先谦引《儒林传》言"何受《易》王同","何"为"田何","受"则通"授",意为教授。又姚振宗指出王应麟所言太史公为司马谈,其"受《易》于杨何","受"为接受。

---

① 施之勉:《汉书集释·艺文志第十》,三民书局股份有限公司2003年版,第4035页。
② 施之勉:《汉书集释·艺文志第十》,三民书局股份有限公司2003年版,第4035页。
③ 施之勉:《汉书集释·艺文志第十》,三民书局股份有限公司2003年版,第4035页。
④ 施之勉:《汉书集释·艺文志第十》,三民书局股份有限公司2003年版,第4035页。
⑤ 施之勉:《汉书集释·艺文志第十》,三民书局股份有限公司2003年版,第4035页。
⑥ 施之勉:《汉书集释·艺文志第十》,三民书局股份有限公司2003年版,第4035页。

(二)补充清代以来成果

《汉书》原文:“《雅琴赵氏》七篇。名定,勃海人,宣帝时丞相魏相所奏。”①

《汉书补注》引王应麟曰:“刘向《别录》,宣帝元康神爵间,丞相奏能鼓琴者,勃海赵定、梁国龙德,皆召入见温室,使鼓琴,待诏。定为人,尚清静,少言语,善鼓琴,时间燕,为散操。”②沈钦韩曰:“《长门赋》注引《七略》曰,雅琴,琴之言禁也,雅之言正也,君子守正以自禁也。”③

杨树达曰:“补注引王应麟所引《别录》文至时间燕,为散操句止。然严可均洪颐煊所辑《别录》,散操下尚有多为之涕泣者六字,必有此文义乃完。”④

今按:杨树达据严可均、洪颐煊《别录》辑本指出王应麟所引《别录》少“多为之涕泣者”句,王先谦引用时没有提及,因此施之勉引杨树达说补足王氏所缺文字。由此可以看出,诸家在对待《别录》《七略》佚文时易出现节略称引的情况,为了使研究者窥见佚文全貌,就要比勘诸家所引。

(三)补充版本信息

《汉书》原文:“《急就》一篇。成帝时……”⑤

王先谦《汉书补注》曰:“官本,成作元。”⑥

施之勉按曰:“景祐本成作元。”⑦

今按:施之勉补充景祐本,以示此本与官本相同。

① 施之勉:《汉书集释 · 艺文志第十》,三民书局股份有限公司 2003 年版,第 4145 页。
② 施之勉:《汉书集释 · 艺文志第十》,三民书局股份有限公司 2003 年版,第 4145 页。
③ 施之勉:《汉书集释 · 艺文志第十》,三民书局股份有限公司 2003 年版,第 4145 页。
④ 施之勉:《汉书集释 · 艺文志第十》,三民书局股份有限公司 2003 年版,第 4145 页。
⑤ 施之勉:《汉书集释 · 艺文志第十》,三民书局股份有限公司 2003 年版,第 4238 页。
⑥ 施之勉:《汉书集释 · 艺文志第十》,三民书局股份有限公司 2003 年版,第 4238 页。
⑦ 施之勉:《汉书集释 · 艺文志第十》,三民书局股份有限公司 2003 年版,第 4238 页。

(四)补充文献资料

《汉书》原文:“周室既微,载籍残缺,仲尼思存前圣之业。”①

施之勉按曰:“《春秋左氏传序》、疏、《说文》云,籍,簿书也。张衡《东京赋》曰,多识前世之载。载,亦书也。《文选·任彦升王文宪集序》注,吕延济曰,载籍,经典也。”②

今按:此处《春秋左氏传序》注疏和《文选·任彦升王文宪集序》就是施之勉所补充的文献材料。

二、订正《汉书补注》

《汉书补注》成书后即成为研读《汉书》者的关注对象,有校勘其文字讹误的,也有驳斥王先谦的观点的,施之勉网罗众说,订正其误。

《汉书》原文:“《孝经》一篇,十八章。长孙氏、江氏、后氏、翼氏四家。”③

《汉书补注》引王应麟曰:“隋河间颜芝所藏,汉初芝子贞出之,凡十八章,一千八百七十二字。刘向以颜本比古文,除其繁惑,以十八章为定。”④

杨树达曰:“按,《玉海》四十一云,《隋志》,秦焚书,为河间颜芝所藏。《补注》所引,乃王氏《艺文志·考证文》,见考证卷四。王引隋字下脱去志字。”⑤

今按:杨树达指出王先谦《汉书补注》引王应麟《汉艺文志考证》“隋”后脱一“志”,应予以订正。今上海古籍出版社标点本作“《隋[志]》”⑥补足王先谦

① 施之勉:《汉书集释·艺文志第十》,三民书局股份有限公司2003年版,第4194页。
② 施之勉:《汉书集释·艺文志第十》,三民书局股份有限公司2003年版,第4194页。
③ 施之勉:《汉书集释·艺文志第十》,三民书局股份有限公司2003年版,第4212页。
④ 施之勉:《汉书集释·艺文志第十》,三民书局股份有限公司2003年版,第4212页。
⑤ 施之勉:《汉书集释·艺文志第十》,三民书局股份有限公司2003年版,第4212页。
⑥ 班固撰,王先谦补注:《汉书补注(六)》,上海古籍出版社2008年版,第2940页。

第五章 《汉书集释》按语补论

尽管施之勉《汉书集释》的按语是在比较充分集释前人成果的基础上提出的见解，但仍有一些观点的论据并不是那么充分，结论也并不是那么准确。因此，本章在施之勉《汉书集释》的基础上，针对一些还可以申说的问题进行讨论。由于内容涉及面广，不同类型的数量不一，下文将不再分门别类叙述，而是逐条进行补注。而涉及面和内容较广的，则以补考的形式罗列于后。

一、何自为郎

《汉书》原文："事文帝。帝辇过，问唐曰：父老何自为郎。家安在？"①

颜师古曰："言年已老矣，何乃自为郎也。崔浩以为，自，从也。从何为郎。此说非也。"②

"《补注》刘敞曰：按，文帝问，因唐遂及居代时事，则何自为郎，正问从何处来为郎。崔说是。《索隐》过，音戈。王先谦曰：《索隐》从何作何从，是。何是为郎，言自何途得为郎。郎之进身不一，故帝问之。次乃问其家安在也。颜云自为郎，郎无自为之理。刘云从何处来为郎，则与家安在相复矣。唐具以实对，其进身之由及其家居赵代后徙安陵，悉陈之。帝遂及居代时事也。崔说得之，颜刘并误会耳。"③

① 施之勉：《汉书集释·张冯汲郑传第二十》，三民书局股份有限公司2003年版，第5813页。
② 施之勉：《汉书集释·张冯汲郑传第二十》，三民书局股份有限公司2003年版，第5813页。
③ 施之勉：《汉书集释·张冯汲郑传第二十》，三民书局股份有限公司2003年版，第5813—5814页。

施之勉按曰:"《荀纪》,见郎署长冯唐,年七十余矣。吴昌莹曰,自,由也。由通犹,故自亦训犹。《汉书·冯唐传》帝谓唐曰,父老何自为郎。言父已老,何犹为郎也。师古曰,年已老,何自为郎,意近是,但自字未明训耳。"[①]

由上可知,历代对"何自为郎"的不同理解,关键在于对"自"的认识,大致有以下几种意见:1.释"自"为"从",即"从何为郎",由此引申出两种观点,一是如刘敞认为"从何处来为郎",二是如崔浩、王先谦等认为"自何途得为郎"。2.释"自"为"由",并通"犹",颜师古、施之勉等如是认为。尽管释读为"犹"使得文意通畅,但有学者认为吴昌莹倡导"自,由也。由通犹,故自亦训犹"的"这个推论方法是错误的。'由'因同音而通'犹','自'并不同音"[②]。

其实,关于"何自"的用法,多见于《史记》和《汉书》,如《汉书》之《高帝纪第一》:"沛令善公,求之不与,何自妄许与刘季?"[③]又《张陈王周传》:"上乃惊曰:吾求公,避逃我,今公何自从吾儿游乎?"[④]又《贾邹枚路传》:"纳其基,绝其胎,祸何自来?"[⑤]因此,把"自"同"何"割裂开来并附以新义的方法是有违字词本意的。

可以看到,"何自"在《汉书》中往往作为一个固定词组使用,充当疑问代词,在不同的语境中具体指代不同,以上所举三例分别指代原因,即"因何",这和"自何途得为郎"的意义接近。但因"具以实对"一言而避之,无从具体判断"何自"所指。汉代为郎的途径颇多,除主要由任子外,还有以孝廉试经、明经射策、上书、材力等为郎。[⑥] 冯唐就"以孝著,为郎中署长"。按当时场景,汉文帝看到可以称为"父老"的冯唐,提问"通过何种方式为郎"或"为什么为郎",恐怕不太恰当。因此,笔者认为此处的"何自",可以视为指代时间的疑问词,即"何时为郎"。

---

① 施之勉:《汉书集释·张冯汲郑传第二十》,三民书局股份有限公司2003年版,第5814页。

② 刘瑞明:《"自"字连续误增新义的清理否定——词尾"自"的深化研究》,见马步升、徐治堂:《陇上学人文存·刘瑞明卷》,甘肃人民出版社2014年版,第182页。

③ 班固:《汉书·高帝纪第一上》,中华书局1962年版,第4页。

④ 班固:《汉书·张陈王周传第十》,中华书局1962年版,第2035—2036页。

⑤ 班固:《汉书·贾邹枚路传第二十一》,中华书局1962年版,第2360页。

⑥ 参见李孔怀:《汉代郎官述论》,见中国秦汉史研究会:《秦汉史论丛》(第二辑),陕西人民出版社1983年版。

二、庶母

《汉书》原文："十年，夏五月，太上皇后崩。"①

关于"夏五月，太上皇后崩"，历代注家解释较多，不罗列于此，笔者主要围绕这八个字是否是衍文和高祖是否有后母两方面来进行论述。陈直的观点最具代表性："旧注有以夏五月太上皇后崩八字为衍文，有以为指高祖后母而言。《楚元王传》云，高祖同父弟。是表示同父不同母，可证高祖有后母或庶母。"②

施之勉按曰："庶母是，后母非也。高祖母，兵起时，死小黄北。必高祖母死，而后其父再娶，则为高祖之后母。然兵起时，楚元王交，亦与萧曹等俱从高祖见景驹，遇项梁，共立楚怀王。因西攻南阳，入武关，与秦战于蓝田，至霸上，封交为文信君。据此，则高祖母，兵起时，死小黄北后，高祖父未再娶。高祖无后母。楚元王交之母，即高祖之庶母也。"③

施之勉强调楚元王刘交之母为高祖庶母而非后母。根据《史记》《汉书》，秦及汉初母子关系的称谓有后母、假母，如《淮南衡山济北王传》"元朔四年中，人有贼伤后假母者"④，颜师古注曰："继母也。一曰父之旁妻。"⑤又《史记》集解引《汉书音义》曰："傅母属。"⑥有学者在探讨《汉书·王尊传》"美阳女子告假子不孝"案时，把"假母"解释为"后母"。可见，"假母"被解释为父的偏妻、后母或者傅母。但不论传世文献，还是出土资料，均不见"庶母"的称谓。要厘清这一问题，需要对汉初妻子的称谓进行梳理。

"汉代民间男性正妻之外的配偶有少妇、小妇、傍妻、庶妻、小妻、少妻、下妻、偏妻、妾等"⑦，但据《二年律令》律文中出现的表达男子配偶称谓的有：妻、

① 施之勉：《汉书集释·高帝纪第一》，三民书局股份有限公司2003年版，第125页。
② 施之勉：《汉书集释·高帝纪第一》，三民书局股份有限公司2003年版，第127页。
③ 施之勉：《汉书集释·高帝纪第一》，三民书局股份有限公司2003年版，第127页。
④ 班固：《汉书·淮南衡山济北王传第十四》，中华书局1962年版，第2154页。
⑤ 班固：《汉书·淮南衡山济北王传第十四》，中华书局1962年版，第2155页。
⑥ 司马迁：《史记·淮南衡山列传第五十八》，中华书局2013年版，第3735页。
⑦ 彭卫：《传世文献与出土简牍中的"下妻"、"偏妻"和"中妻"》，载《中国社会科学报》2009年9月10日。

下妻、偏妻、弃妻、后妻等,如《二年律令·置后律》:“疾死置后者……其毋適(嫡)子,以下妻子、偏妻子(368)”①,“子代户。同产子代户,必同居数。弃妻子不得与后妻子争后。(380)后妻毋子男为后,乃以弃妻子男(381)”②,“女子为户毋后而出嫁者,令夫以妻田宅盈其田宅。宅不比,弗得。其弃妻,及夫死,妻得复取以为户。弃妻,畀之其财(384)”③。其中妻指正妻,弃妻指被休的妻子,语意甚明,其余的则还有一定的争议。如后妻被认为是正妻去世后再娶的妻④,此种观点恐怕不准确。“后妻”在《史记》《汉书》中均出现一次,分别是《五帝本纪》:“舜父瞽叟盲,而舜母死,瞽叟更娶妻而生象,象傲。瞽叟爱后妻子,常欲杀舜,舜避逃”⑤,又《西域传》:“楼兰王后妻,故继母也”⑥;在《二年律令》中仅此一见。

由上可知,此两者关于“后妻”的使用,泛指正妻之外的妻子,没有法定意义上的正妻死后所娶之意。后者的语境也值得注意,强调的是“后妻子”与“弃妻子”的关系,这个“后”,显然不是先后的后,而汉代律令中的固定术语,即具有继承资格的妻子。关于“下妻,整理小组引《汉书·王莽传》注:‘下妻犹言小妻’,似可理解为正妻以外,身份低微的其他配偶。只有‘偏妻’,甚难理解。幸而在律文中出现不止一次……‘偏妻’而言,虽不确知其婚姻状态,但还是可以隐约推测偏妻的实际地位的,即法律承认其配偶地位;但与丈夫家族关系疏远,不同居数;甚至可以自立为户,有自己的田宅、资材”⑦。王子今据张家山汉简《二年律令》“其毋適(嫡)子,以下妻子、偏妻子”的顺次推测,下妻地位可能高于偏妻。⑧ 彭卫指出:“《二年律令》将‘偏妻’置于‘下妻’之后,确存在‘偏妻’地位略低于‘下妻’的可能,但也不妨推想二者是当时不同地区人对正妻之外女性配偶的称呼……从字义上说,‘傍’、‘庶’、‘下’、‘偏’、‘妾’等的含义近似,都相

① 张家山二四七号汉墓竹简整理小组编著:《张家山汉墓竹简〔二四七号墓〕:释文修订本》,文物出版社2006年版,第59页。

② 张家山二四七号汉墓竹简整理小组编著:《张家山汉墓竹简〔二四七号墓〕:释文修订本》,文物出版社2006年版,第60—61页。

③ 张家山二四七号汉墓竹简整理小组编著:《张家山汉墓竹简〔二四七号墓〕:释文修订本》,文物出版社2006年版,第61页。

④ 参见吕利:《〈二年律令〉所见汉代亲属制度》,载《枣庄学院学报》2015年第1期。

⑤ 司马迁:《史记·五帝本纪第一》,中华书局2013年版,第38页。

⑥ 班固:《汉书·西域传第六十六上》,中华书局1962年版,第3877页。

⑦ 吕利:《〈二年律令〉所见汉代亲属制度》,载《枣庄学院学报》2015年第1期。

⑧ 参见王子今:《“偏妻”“下妻”考——张家山汉简〈二年律令〉研读札记》,见饶宗颐:《华学》第6辑,紫禁城出版社2003年版。

对应于正妻或嫡妻。"①

尽管汉初关于妻子的称谓较多,但大体而言,笔者赞同彭卫先生的意见,可分为"正妻(嫡妻)"和"非正"两类,反映在汉代律令的术语中即为"后"与"非后"两类,这个"后"是法律意义上的财产爵位继承者,但也不能忽视这些称谓在汉代的区别,而"偏、下"等可能涉及作为"后妻"的法定继承顺序。那么,施之勉关于刘邦的"庶母"与"后母"之辨,以是否"娶"为标准,则不符合汉初的情况。既然已生子,那么显然著录于户籍,在高祖之父没有其他妻子的前提下,自然是"后母",但对高祖作为非亲生子来说,只能称为"假母"或者后来意义上的"庶母"。因此,在汉初的语法语境中,"后母"与"庶母"是两个不同范畴的概念,前者为法律意义上的专门术语,后者为家庭伦理中的秩序。

三、戏

> 《汉书》原文:"夏侯婴,沛人也。为沛厩司御,每送使客,还过泗上亭,与高祖语,未尝不移日也。婴已而试补县吏,与高祖相爱。高祖戏而伤婴,人有告高祖。高祖时为亭长,重坐伤人,告故不伤婴,婴证之。移狱覆,婴坐高祖系岁余,掠笞数百,终脱高祖。"②

施之勉按曰:"《国语·晋语》九,少室周为赵简子之右,闻牛谈有力,请与之戏,弗胜,致右焉。简子许之,使少室为宰,曰,知贤而让,可以训矣。韦昭注,少室周,简子之臣。右,戎右。牛谈,简子臣也。戏,角力也。致右于谈。宰,家宰也。"③

今按:施之勉引用三国时期韦昭的注解来说明。《韩非子》中有相关记载,如卷十二《外储说左下第三十三》:"少室周者,古之贞廉洁悫者也,为赵襄主力士,与中牟徐子角力,不若也,入言之襄主以自代也。"④

① 彭卫:《传世文献与出土简牍中的"下妻"、"偏妻"和"中妻"》,载《中国社会科学报》2009年9月10日。

② 施之勉:《汉书集释·樊郦滕灌傅靳周传第十一》,三民书局股份有限公司2003年版,第5286—5287页。

③ 施之勉:《汉书集释·樊郦滕灌傅靳周传第十一》,三民书局股份有限公司2003年版,第5287页。

④ 王先慎撰,钟哲点校:《韩非子集解》,中华书局1998年版,第295页。

四、出宫人

《汉书》载:“归夫人以下至少使。”①

应劭曰:“夫人以下,有美人、良人、八子、七子、长使、少使,皆遣归家,重绝人伦。”②

王先谦《汉书补注》曰:“荀《纪》作所幸慎夫人以下至少使,得令嫁。帝殆有鉴于吕、戚之事。”③

施之勉按曰:“《古今事物考》曰,汉文帝出宫人令嫁,此后世放宫人之始。王鸣盛曰,文帝崩,归夫人以下至少使。景帝崩,亦出宫人归其家。至武、昭,乃有奉陵之制。平帝崩,王莽乃复出媵妾皆归家。要之,文、景之制,信可以为后世法。”④

汉代宫廷有出宫人制度,一般认为起因于文帝的薄葬思想。但这与汉代的风气与思潮也有关系,比如没有后世严格的贞洁观,不以再嫁为非,董仲舒等倡导的《春秋》之义也明言:“夫死无男有更嫁之道也。”⑤彭卫先生指出:“在汉代四个多世纪的历史时期中……与丈夫离婚或丈夫去世的女子中,再嫁与改嫁率,估计在70%以上。”⑥

五、皇曾祖悼考庙

《汉书》原文:“建始元年春正月乙丑,皇曾祖悼考庙灾。”⑦

---

① 施之勉:《汉书集释·文帝纪第四》,三民书局股份有限公司2003年版,第270页。
② 施之勉:《汉书集释·文帝纪第四》,三民书局股份有限公司2003年版,第270页。
③ 施之勉:《汉书集释·文帝纪第四》,三民书局股份有限公司2003年版,第270页。
④ 施之勉:《汉书集释·文帝纪第四》,三民书局股份有限公司2003年版,第271页。
⑤ 董仲舒著,陈蒲清校注:《春秋繁露·天人三策》,岳麓书社1997年版,第345页。
⑥ 彭卫:《汉代婚姻形态》,三秦出版社1988年版,第211页。
⑦ 施之勉:《汉书集释·成帝纪第十》,三民书局股份有限公司2003年版,第764页。

文颖曰:“宣帝父史皇孙庙。”[①]

王先谦《汉书补注》曰:“五行志作皇考庙灾,盖夺文。荀《纪》、《通鉴》并作悼考庙。”[②]

施之勉按曰:“王说非也。《宣纪》元康元年夏五月,立皇考庙。《戾太子传》亲史皇孙谥曰悼,尊号曰皇考,立庙。《韦玄成传》本始元年,丞相义等议,谥孝宣皇帝亲曰悼园。至元康元年,丞相相等议,悼园宜称尊号曰皇考,立庙。《史丹传》上以丹旧臣,皇考外属,亲信之。《后汉·清河孝王传》汉兴,高皇帝尊父为太上皇,宣帝号父为皇考。是《五行志》作皇考庙,并无夺文也。《诗·周颂·雍》假哉皇考。笺云,皇考,斥文王也。疏云,《释诂》皇,君也。此大祖宜为一代始王,故知嘉哉君考,斥文王也。闵予小子,皇考与皇祖相对,故知皇考为武王。此则下有烈考为武王,故知皇考为文王。考者,成德之名,可以通其父祖故也。《祭法》云,父曰考,祖父曰王考,曾祖曰皇考。此与闵予小子,非曾祖亦云皇考者,以其散文,取尊君之义,故父祖皆得称之。此说皇考甚明白矣,是取尊君之义,非谓曾祖也。”[③]

《成帝纪》作“皇曾祖悼考”,而《五行志》作“皇考”,施之勉不赞同王先谦“夺文”说,及其论证过程。钱大昕也指出:“建始元年正月乙丑,皇考庙灾。《成帝纪》:‘皇曾祖悼考庙灾’,此有脱文。”[④]显然,汉成帝应称史皇孙为“皇曾祖”,所以《成帝纪》使用“皇曾祖悼考庙”,合情合理,并无夺文。施之勉关于“皇考”是取尊君之义,恐怕亦不确。洪颐煊认为:“《成帝纪》:‘建始元年春正月乙丑,皇曾祖悼考庙灾。’文颖曰:‘宣帝父史皇孙庙。’此称‘皇考庙’是沿宣帝时旧名,而史失改正。”[⑤]关于《五行志》中使用“皇考庙”的原因,笔者认为洪颐煊的说法较为合理。

---

① 施之勉:《汉书集释·成帝纪第十》,三民书局股份有限公司 2003 年版,第 765 页。
② 施之勉:《汉书集释·成帝纪第十》,三民书局股份有限公司 2003 年版,第 765 页。
③ 施之勉:《汉书集释·成帝纪第十》,三民书局股份有限公司 2003 年版,第 765 页。
④ 钱大昕著,方诗铭、周殿杰校点:《廿二史考异》,上海古籍出版社 2004 年版,第 129 页。
⑤ 洪颐煊:《洪颐煊集》,浙江古籍出版社 2019 年版,第 523—524 页。

六、魏相项佗

《汉书》原文:“从东出临晋关,击降殷王,定其地。击项羽将龙且,魏相项佗军定陶南,疾战,破之。”①

周寿昌曰:“项籍将魏相仅此一见,殆于陶南破后被杀矣。”②王先谦曰:“《曹参传》东击龙且、项佗定陶,破之。无魏相,则魏相非人姓名,盖项佗为魏相国。”③

施之勉按曰:“王说是,周说非也。”④

施之勉在其《读〈史记会注考证〉札记》中认为王说误。不过王叔岷在《史记斠证卷九十五》中已提出王先谦说可备一解。⑤ 此处施之勉改变原来看法,认同王先谦说,但没有具体说明理由,也没有引证王叔岷的观点。朱东润据《魏豹传》“魏王乃使周市出请救于齐、楚,齐、楚遣项它、田巴将兵随市救魏。是后项它留魏为魏相”⑥认为有可能在此之后项佗被“留魏为魏相”。又《汉书·灌婴传》载“击破楚骑于平阳,遂降彭城,虏柱国项佗”。可知项王派项佗为魏相,魏王豹已被汉军擒住,便逃回楚,任柱国。魏相、项佗系一人,王先谦的观点没有错误。

七、陶青翟

《汉书》原文:“遣御史大夫青翟至代下与匈奴和亲。”⑦

① 施之勉:《汉书集释·樊郦滕灌傅靳周传第十一》,三民书局股份有限公司2003年版,第5298页。
② 施之勉:《汉书集释·樊郦滕灌傅靳周传第十一》,三民书局股份有限公司2003年版,第5298页。
③ 施之勉:《汉书集释·樊郦滕灌傅靳周传第十一》,三民书局股份有限公司2003年版,第5298页。
④ 施之勉:《汉书集释·樊郦滕灌傅靳周传第十一》,三民书局股份有限公司2003年版,第5298页。
⑤ 参见王叔岷:《史记斠证》,中华书局2007年版。
⑥ 朱东润:《史记考索(外二种)》,华东师范大学出版社1996年版,第51—52页。
⑦ 施之勉:《汉书集释·景帝纪第五》,三民书局股份有限公司2003年版,第283页。

文颖曰："姓严，讳青翟。"①

臣瓒曰："此陶青也。庄青翟乃自武帝时人，此纪误。"②

颜师古曰："后人传习不晓，妄增翟字耳，非本作纪之误。"③

王先谦《汉书补注》曰："《通鉴》作青。胡注，青，陶舍子青。以文后二年为御史大夫，景帝二年为丞相。见《百官表》。"④

施之勉按曰："荀悦《汉纪》作陶青翟。顾炎武曰，古人二名，止用一字。故此纪作青翟，《史记》《景帝纪》、《将相表》及本书《公卿表》止作青也。周寿昌曰，按，瓒、颜二说是也。《百官表》孝文后二年，陶青为御史大夫。孝景二年，御史大夫陶青为丞相。此皆其证。"⑤

可见，施之勉赞同瓒、颜二说，应为陶青，"翟"字为后人妄增。清人王鸣盛认为按《百官表》应为"陶青"⑥，清人蒋国祚也持类似观点。⑦ 而顾炎武的观点被注家进行了充实，如吴汝纶认为："'陶青翟'，后凡陶青，《汉纪》皆作陶青翟。盖陶与庄皆名青翟，《汉书》载'御史大夫青翟至代下与匈奴和亲'，文颖以为姓严，臣瓒、颜监皆以《汉书》为误，皆失考。陶名青翟，而史文多止称陶青者，犹刘郢客止称刘郢，省二名而称一字耳，《汉书》不误。"⑧杨树达进一步指出："《史记》刘郢，《汉纪》作刘郢客。《汉书·儒林传》亦但作郢，师古曰：郢，即郢客也。皆他书不省，而《史记》省去之例。颜师古注《汉书·景帝纪》，谓'后人传习不晓，妄增翟字'。不知此处乃史公省而班增之，颜氏之言，为不达古书之义例矣。"⑨颜师古在类似的记载中采用不同的解说，可能顾及"陶与庄皆名青翟"，其实在《史记》《汉书》中的西汉人物同名现象较多，颜注显然有所失当。除刘郢与刘郢客外，类似"省名"的例子在古书中也多见，如《左传·宣公四年》"晋重"、《晋书》"窃慕墨翟、申包之诚"，其中的"晋重"和"申包"，分别是"重耳"和

---

① 施之勉：《汉书集释·景帝纪第五》，三民书局股份有限公司 2003 年版，第 283 页。

② 施之勉：《汉书集释·景帝纪第五》，三民书局股份有限公司 2003 年版，第 283 页。

③ 施之勉：《汉书集释·景帝纪第五》，三民书局股份有限公司 2003 年版，第 283 页。

④ 施之勉：《汉书集释·景帝纪第五》，三民书局股份有限公司 2003 年版，第 283 页。

⑤ 施之勉：《汉书集释·景帝纪第五》，三民书局股份有限公司 2003 年版，第 284 页。

⑥ 参见王鸣盛撰，黄曙辉点校：《十七史商榷》，上海古籍出版社 2013 年版。

⑦ 参见蒋国祚：《两汉纪字句异同考》，见《辽海丛书》(影印本)，辽沈书社 1985 年版。

⑧ 吴汝纶撰，施培毅、徐寿凯校点：《吴汝纶全集(四)》，黄山书社 2002 年版，第 208—209 页。

⑨ 杨树达：《古书疑义举例续补》，见俞樾等：《古书疑义举例五种》，中华书局 2005 年版，第 188—189 页。

"申包胥"的省名。因此,陶青系陶青翟之省名,颜氏之言,当为不达古书之义例矣。

八、纪信与纪成

《汉书》原文:"独骑马,哙等四人步从……"①

王先谦《汉书补注》引齐召南曰:"四人,哙与靳强、夏侯婴、纪成也。见《高纪》。"②

施之勉按曰:"《项羽纪》四人,樊哙、靳强、夏侯婴、纪信。"③

齐召南引用《汉书·高帝纪》认为四人分别为:樊哙与靳强、夏侯婴、纪成。施之勉在此处补充《史记》所载四人姓名,虽没有明确意见,但可以确认其指出《史记》所载四人的人名与《汉书》不同。

《史记》原文:"沛公则置车骑,脱身独骑,与樊哙、夏侯婴、靳强、纪信等……索隐:《汉书》作'纪通'。通,纪成之子。"《汉书》原文:"置车官属,独骑,与樊哙、靳强、滕公、纪成……"我们稍作对比可发现,《汉书》改《史记》"夏侯婴、纪信"为"滕公、纪成"。齐召南引用时也直接把"腾公"换为"夏侯婴",因为夏侯婴即滕公,如《史记·樊郦滕灌列传》:"汝阴侯夏侯婴,沛人也……赐爵封转为滕公",据《史记·高祖功臣侯者年表》载"六年十二月甲申,文侯夏侯婴元年",那么后世在追叙鸿门宴时以封号代称是没问题的。

关键在于"纪信"与"纪成",因为《史记》《汉书》中都出现了这两个人名,但后人的注解中,或把"纪通"认为是"纪信之子",或认为是"纪成之子",使得三人之间的关系错综复杂起来。总的来说,学界对此有两种不同解释:一是认为两者分别是两个不同的人;二是认为是同一人,即纪信字成。我们需要对相关史料进行逐一分析才能厘清这一问题。

(1)《史记·项羽本纪》载:"沛公则置车骑,脱身独骑,与樊哙、夏侯婴、靳

① 施之勉:《汉书集释·樊郦滕灌傅靳周传第十一》,三民书局股份有限公司2003年版,第5269页。
② 班固撰,王先谦补注:《汉书补注(七)》,上海古籍出版社2008年版,第3433页。
③ 施之勉:《汉书集释·樊郦滕灌傅靳周传第十一》,三民书局股份有限公司2003年版,第5269页。

强、纪信等……索隐:《汉书》作‘纪通’。通,纪成之子。”①

(2)《史记·高祖功臣侯者年表》载:“兵初起,纪成以将军从击破秦,入汉,定三秦,功比平定侯。战好畤,死事。子通袭成功,侯……八年后九月丙午,侯纪通元年。”②

(3)《史记·项羽本纪》载:“汉将纪信说汉王曰:‘事已急矣,请为王诳楚为王,王可以间出。’于是汉王夜出女子荥阳东门被甲二千人,楚兵四面击之。纪信乘黄屋车,傅左纛,曰:‘城中食尽,汉王降。’楚军皆呼万岁。汉王亦与数十骑从城西门出,走成皋。项王见纪信,问:‘汉王安在?’信曰:‘汉王已出矣。’项王烧杀纪信。”③

(4)《史记·吕太后本纪》:“‘襄平侯通尚符节。’集解:徐广曰:‘姓纪。’张晏曰:‘纪信子也。尚,主也。今符节令。’索隐:张晏云:‘纪信子。’又晋灼云:‘信被焚死,不见有后。按《功臣表》襄平侯纪通,父成以将军定三秦,死事,子侯。’则通非信子,张说误矣。”④

(5)《汉书·高后纪》:“襄平侯纪通尚符节。”⑤“张晏曰:‘纪通,信子也。尚,主也,今符节令也。’晋灼曰:‘纪信焚死,不见其后。《功臣表》云纪通纪成之子,以成死事,故封侯。’师古曰:‘晋说是也。’”⑥

材料(1)为关于鸿门宴的内容,纪信等随沛公间走,事发于高祖元年(公元前206年),冬十月。《索隐》认为纪通系纪成之子,不过提出《汉书》“纪信”作“纪通”则有误。⑦ 材料(2)记载纪成平定三秦而战死,其事在高祖元年,秋八月。因汉初沿袭秦朝以“十月”为岁首,此“秋八月”在鸿门宴之后。纪通为纪成之子。材料(3)记述高祖三年(公元前204年)五月,项羽击刘邦时,纪信在事急之下乔装成刘邦助其逃走,后被项羽所杀,人名、事迹均与《汉书》所载相同。材料(4)、材料(5)主要涉及历代注家对“纪通”的关系定位。张晏认为是“纪信子”,而晋灼则认为通非信子,颜师古支持晋灼说。

---

① 司马迁:《史记·项羽本纪第七》,中华书局2013年版,第397页。
② 司马迁:《史记·高祖功臣侯者年表第六》,中华书局2013年版,第1113页。
③ 司马迁:《史记·项羽本纪第七》,中华书局2013年版,第410页。
④ 司马迁:《史记·吕太后本纪第九》,中华书局2013年版,第512页。
⑤ 班固:《汉书·高后纪第三》,中华书局1962年版,第102页。
⑥ 班固:《汉书·高后纪第三》,中华书局1962年版,第103页。
⑦ 参见应三玉:《〈史记〉三家注研究》,凤凰出版社2008年版。

由上所述可知，纪成在高祖元年定三秦时战死于好畤，子纪通于高后八年九月丙午承袭其功封侯，而纪信是在高祖三年因伪装成刘邦助其脱身，被项羽烧杀而死。因此，纪成与纪信显然不是同一人，认为纪信字成的观点也是毫无根据。那么，鸿门宴后跟随刘邦离去的是纪成还是纪信呢？尽管没有确切的证据，但可以根据相关人士之间关系的亲疏程度进行推论。关于纪成的记载，仅在《史记·高祖功臣侯者年表》中有一条，而纪信能在危急关头假扮刘邦，可见纪信与刘邦总在一起，且关系较为紧密。从同行四人来看，樊哙是刘邦的连襟，夏侯婴更是和刘邦关系紧密，而靳强在秦二世二年八月以郎中骑千人从阳夏随刘邦击项羽、破钟离眛。刘邦赴鸿门宴，显然应该带身边与自己关系紧密之人。因此从这个角度来看，这个人应是纪信而不是纪成。《汉书》出现这种情况，可能是班固笔误所致。

九、文帝寿四十七

《汉书》原文："七年夏六月己亥，帝崩于未央宫。"①

臣瓒曰："帝年二十三即位，即位二十三年，寿四十六也。"②

王先谦《汉书补注》曰："官本注，上三字作二。"③

施之勉按曰："瓒说非也。《史记集解》徐广曰，帝年四十七。赵翼曰，按，汉王四年，幸薄姬，生文帝。年八岁，立为代王。十七年，入为帝，即应是二十五岁，而臣瓒注谓文帝二十三即位，在位二十三年，寿四十六。是文帝年岁殊不符。见《廿二史札记》。按，徐、赵说是也。帝年二十五即帝位，在位二十三年，寿四十七也。"④

可见，施之勉认同徐广、赵翼说。不过王树民在《廿二史札记校证》中指出："文帝年岁，旧说原不一致，徐广云四十七，臣瓒云四十六。在位二十三年，则即

① 施之勉：《汉书集释·文帝纪第四》，三民书局股份有限公司2003年版，第266页。
② 施之勉：《汉书集释·文帝纪第四》，三民书局股份有限公司2003年版，第266页。
③ 施之勉：《汉书集释·文帝纪第四》，三民书局股份有限公司2003年版，第266页。
④ 施之勉：《汉书集释·文帝纪第四》，三民书局股份有限公司2003年版，第266页。

位时应为二十四岁或二十三岁。在代十七年,则高帝十一年封代时应为八岁或七岁;其生年应为高帝四年或五年。高帝四年幸薄姬,生子在当年或次年均有可能,故二说是非难于判断。赵氏计算其为帝时年二十五岁,较徐广说又多出一年,是误以八岁后方为代王之年数,实际上八岁当年即为代王之元年。赵氏此说,可谓治丝而棼之也。"[①]又《史记·外戚世家》载:"汉王心惨然,怜薄姬,是日召而幸之……一幸生男,是为代王。其后薄姬希见高祖。"[②]其中并无明言何时生文帝,诚如王氏所言,当年或次年均有可能,难于判断。但据《中西史历日和中公历日对照表》,汉王四年至文帝元年积年二十四年,赵氏二十五岁即位,寿年四十七之说不确。

十、赵倢伃

《汉书》原文:"武帝少子也。母曰赵倢伃。"[③]

颜师古曰:"倢,接幸也。伃,美称也。故以名宫中妇官。倢,音接。伃,音余。字或并从女。"[④]

钱大昭曰:"《说文》婕,女子也。㛜,女字也;读若余。二字连文。知许氏以婕㛜为妇官名。《史记·外戚世家》尹婕妤。韦昭云,婕承妤助也。一曰美好也。"[⑤]

施之勉按曰:"按,《艺文类聚》婕妤有奇,谓手指不申及有奇气。《外戚传》武帝巡狩过河间,望气者言此有奇女,天子亟使使召之。既至,女两手皆拳,上自披之,手即时伸。由是得幸,号曰拳夫人。"[⑥]

倢伃一作"婕妤",妃嫔称号,汉武帝置,为妃嫔之首。元帝时因增设昭仪,退居第二。曹魏时退居十二等中的第九。晋时尚在九嫔之内。南朝宋以下,降

① 赵翼著,王树民校证:《廿二史箚记校证》,中华书局 2013 年版,第 98 页。
② 司马迁:《史记·外戚世家第十九》,中华书局 2013 年版,第 2377 页。
③ 施之勉:《汉书集释·昭帝纪第七》,三民书局股份有限公司 2003 年版,第 545 页。
④ 施之勉:《汉书集释·昭帝纪第七》,三民书局股份有限公司 2003 年版,第 545 页。
⑤ 施之勉:《汉书集释·昭帝纪第七》,三民书局股份有限公司 2003 年版,第 545 页。
⑥ 施之勉:《汉书集释·昭帝纪第七》,三民书局股份有限公司 2003 年版,第 545 页。

至九嫔以下,至清废。施之勉引《艺文类聚》与《外戚传》补充赵婕妤人物事例,但引证顺序《艺文类聚》在前,《外戚传》在后,让史书与类书错位,这是很不恰当的。

十一、无布车及兵器

《汉书》原文:“无布车及兵器。”①

“应劭曰:无以布衣车及兵器也。服虔曰:不施轻车介士也。师古曰:应说是也。”②

《汉书补注》引李慈铭曰:“服说是也。古之衣车皆有布。丧事素车用白布,不得禁之。此自以陈设车器为言。若如应说,则及兵器难解,岂有以布蒙兵器者乎?”③

施之勉按曰:“《书·康王之诰》诸侯入应门右,皆布乘黄朱。孔传云,皆陈四黄马朱鬣以为庭实。本书《元帝纪》上幸长杨射熊馆,布车骑大猎。布亦是陈列之意,与布乘黄朱布字义同。此云无布者,以短丧故,仪卫悉减,既不发民哭临宫殿中,即无庸陈列车舆及兵器也。服说不施轻车介士,较应说为长。”④

施之勉所说为是。《汉书·元后传》:阳朔三年王凤死,“天子临吊赠宠,送以轻车介士,军陈自长安至渭陵,谥曰敬成侯”⑤。可见,“轻车介士”是送葬仪式中的一种特殊礼仪,即从送葬仪节来看,就是特别要以北军五校尉、轻车、介士送葬。

---

① 施之勉:《汉书集释·文帝纪第四》,三民书局股份有限公司 2003 年版,第 268 页。
② 施之勉:《汉书集释·文帝纪第四》,三民书局股份有限公司 2003 年版,第 268 页。
③ 施之勉:《汉书集释·文帝纪第四》,三民书局股份有限公司 2003 年版,第 268 页。
④ 施之勉:《汉书集释·文帝纪第四》,三民书局股份有限公司 2003 年版,第 268—269 页。
⑤ 班固:《汉书·元后传第六十八》,中华书局 1962 年版,第 4024 页。

[其以]乘壶酒、束修、一犬'。《月令》'天子以犬尝麻,以犬尝稻'。《续志》'祀圣师周公、孔子,牲以犬'。知古者食犬与羊豕同,汉犹然也。玩颜注,是以其时食狗为异,知唐以来不复以犬充膳矣。"①

施之勉按曰:"《孟子·梁惠王篇》鸡、豚、狗、彘之畜,无失其时,七十者可以食肉。此狗亦食其肉也。"②

犬是较早被人类驯化家养的动物之一,我国新石器时期的裴李岗文化遗址中就已发现家犬骨骼遗存,而且也广泛存在于仰韶、龙山、大汶口、齐家、河姆渡、良渚等文化遗址中。③《荀子·王制篇》载:"北海则有走马吠犬焉,然而中国得而畜使之。"④战国初期名士聂政避仇于齐期间,亦"客游以为狗屠"⑤。《礼记·乡饮酒礼》对犬牲的使用有明确记录:"其牲,狗也,亨于堂东北。"可见,在春秋战国时期,古人不仅有食犬的物质基础,而且也习以为常。到了汉代,传统文献资料中关于犬的记载涉及的地域有齐国、长安、魏郡、洛阳、昌邑、辽东、东莱、汝南等,如《盐铁论·散不足》所言富裕百姓"屠羊杀狗";出土文献汉画像石中,山东诸城前凉台出土"庖厨图",南阳英庄出土的"庖厨图",均有屠狗场面,可见食狗之风甚兴。⑥

十四、柱下方书

《汉书》原文:"张苍,阳武人也,好书律历。秦时为御史,主柱下方书。"⑦

如淳曰:"方,板也,谓事在板上者也。秦置柱下史,苍为御史,主其事。或

---

① 班固撰,王先谦补注:《汉书补注(七)》,上海古籍出版社 2008 年版,第 3429 页。

② 施之勉:《汉书集释·樊郦滕灌傅靳周传第十一》,三民书局股份有限公司 2003 年版,第 5261 页。

③ 参见中国社会科学院考古研究所:《新中国的考古发现和研究》,文物出版社 1984 年版。

④ 王先谦撰,沈啸寰、王星贤点校:《荀子集解》,中华书局 1988 年版,第 161 页。

⑤ 司马迁:《史记·刺客列传第二十六》,中华书局 2013 年版,第 3045 页。

⑥ 参见柴波:《秦汉饮食文化》,西北大学硕士学位论文,2001 年。

⑦ 施之勉:《汉书集释·张周赵任申屠传第十二》,三民书局股份有限公司 2003 年版,第 5323—5324 页。

曰,主四方文书也。”[①]

颜师古曰:“下云苍自秦时为柱下御史,明习天下图书计籍,则主四方文书是也。柱下,居殿柱之下,若今侍立御史矣。”[②]

王先谦《汉书补注》引齐召南曰:“按,柱下史,本周制,而秦因之。老子在周为柱下史是也。沈约《宋志》侍御史,于周为柱下史。师古注,若今侍立御史矣。立字似衍文。《唐志》侍御史六人。王先谦曰:如注谓下脱书字,《集解》引有。”[③]

施之勉按曰:“方书,方板之书,非四方文书。王观国曰,古人写书者,有简有策,有觚有方,有牍有札,有椠有板。盖简策觚,皆以竹为之。方牍椠板,皆以木为之。”[④]

施之勉仅根据秦代文书的载体形式而断定“方书”非“四方文书”而为“方板之书”,显然失之偏颇。根据秦及汉初的出土简牍材料来看,还没有发现方形之书,尽管有个别木牍被称为“方”,但其也是比较例外的。可知当时主要通行的文书还是以编连的简册为主。

据《汉官仪》载:“柱下史,老聃为之,秦改为御史,一名柱后史,谓冠以铁为柱,言其审,不挠也。”那么,柱下方书则应是御史掌管的书籍。传统观点认为是四方文书。有学者进一步细化为“秦时有柱下御史,张苍为御史,主柱下方书,这方书便是四方之文书,计书也”[⑤]。此外有观点认为是籀文典籍,如王国维云:“然汉初古文、籀文之书,未尝绝也。《史记·张丞相列传》:‘张丞相苍好书律历。秦时为御史,典柱下方书。’而许氏《说文序》言‘北平侯张苍献《春秋左氏传》’,盖即‘柱下方书’之一。是秦柱下之书至汉初未亡也。”[⑥]笔者认为,籀文典籍的观点也不准确,秦代的御史不仅仅是掌管典籍,还有监察、校订律令等职能,张苍也被认为在秦代主管过当时全国上计来的舆图、版籍、计账等簿籍。因此,从秦御史具

---

① 施之勉:《汉书集释·张周赵任申屠传第十二》,三民书局股份有限公司2003年版,第5324页。
② 施之勉:《汉书集释·张周赵任申屠传第十二》,三民书局股份有限公司2003年版,第5324页。
③ 施之勉:《汉书集释·张周赵任申屠传第十二》,三民书局股份有限公司2003年版,第5324页。
④ 施之勉:《汉书集释·张周赵任申屠传第十二》,三民书局股份有限公司2003年版,第5324页。
⑤ 朱永嘉:《读史求是》,中国长安出版社2015年版,第31页。
⑥ 王国维著,黄爱梅点校:《王国维手定观堂集林》,浙江教育出版社2014年版,第163页。

有行政色彩的角度，特别是高祖六年八月苍迁为计相，更以列侯为主计四岁来看[①]，“柱下方书”应是由郡县上呈皇帝的各种文书，当然也包括计书。

十五、地震

《汉书》原文：“五月，地震。”[②]

王先谦《汉书补注》曰：“《五行志》：先晦一日，在翼十七度。”[③]

施之勉按曰：“《史记·孝景纪》五月丙戌地动。其蚤食时复动。上庸地动，二十二日，坏城垣。胡三省曰，班《志》上庸县，属汉中郡。”[④]

《史记》在记录地震时皆用地“动”，而不是地“震”，《汉书》虽也用地“动”，但多用地“震”。这可能与地震烈度或地震的破坏程度有关。近代以来，学者们对西汉时代的地震次数进行了统计，邓云特统计两汉共 65 次[⑤]；杨振红统计西汉有 21 年次[⑥]；陈业新统计两汉共为 111 次[⑦]；王文涛统计两汉共为 113 次，西汉 37 次。[⑧] 其实，仅仅从文献记载的判断是不够的，有些地震因发生在人口较少地域或者破坏性不大而没有被报告给中央政府，也就无从进入正史的记录，而且地震烈度也很难判断，这些都需要地震研究工作者从断裂地震岩层进行分析[⑨]，并结合考古材料佐证。

---

① 《汉书·张苍传》颜师古注引文颖曰：“以能计，故号曰计相。”颜师古曰：“专主计籍，故号计相。”《高惠高后文功臣表》注引如淳曰：“计相，官名，但知计会。”结合前述秦简中关于“计”字的涵义来看，可知“计相”实为主管全国上计事物的最高官吏。

② 施之勉：《汉书集释·景帝纪第五》，三民书局股份有限公司 2003 年版，第 316 页。

③ 班固撰，王先谦补注：《汉书补注(一)》，上海古籍出版社 2008 年版，第 217 页。

④ 施之勉：《汉书集释·景帝纪第五》，三民书局股份有限公司 2003 年版，第 316 页。

⑤ 参见邓云特：《中国救荒史》，商务印书馆 2011 年版。

⑥ 参见杨振红：《汉代自然灾害初探》，载《中国史研究》1999 年第 4 期。

⑦ 参见陈业新：《灾害与两汉社会研究》，上海人民出版社 2004 年版。

⑧ 参见王文涛：《秦汉社会保障研究：以灾害救助为中心的考察》，中华书局 2007 年版。

⑨ 参见高建国：《汉代地震考》，载《城市与减灾》2001 年第 5 期；《汉代地震考(续)》，载《城市与减灾》2001 年第 6 期。

十六、传

《汉书》原文:“四年春,复置诸关,用传出入。”①

施之勉按曰:“《史记·孝景本纪》四年后九月,复置津关,用传出入。应劭曰,文帝十二年,除关无用传,至此复置传,以七国新反,备非常也。张晏曰,传,信也。若今过所也。如淳曰,传,音檄传之传,两行书缯帛,分持其一,出入关,合之乃得过,谓之传。”②

施之勉引用《史记》注的相关内容补注《汉书》,但并不详备。张家山汉简《二年律令》中有《津关律》《津关令》,设置有关啬夫、关令、关佐等职官,他们的职责之一就是查验过关所需要使用的通关文书。③ 汉代的通关文书包括节、棨、符、致、传、繻等,“传”只是其中的一种,根据出土简牍文书,其中的“传”分为公务用传和私事用传④,既是出入关的通行证,也是出入事由的介绍信。⑤ 上面还记载着通行者的籍贯、年龄、身高、肤色等情况。关于其形制,崔豹《古今注》载:“凡传皆以木为之,长尺五寸,书符信于上,又以一版封之,封以御史印章,所以为信也,如今之过所也。”⑥不过,从《居延汉简甲乙编》来看,其尺寸并无定制,未见“御史印章”,有的正面书一个大的“传”字,这可能就是崔豹所言封“传”的“板”,即“封检”。富谷至推测,传在发给旅行者的时候,在上面附有封检并加盖印章,封检在相关的官署、关所以及传舍、传食提供机构开启,确认所记事项之后,予以抄录,其后,传被开启的官署再次封印,还给旅行者,旅行者再向着下一个官署行进,在返回的时候,若是途经去时验证的机关,由于已经在那里保存了传的副本,旅行者的移动,尤其是回程就可以确认。⑦

---

① 施之勉:《汉书集释·景帝纪第五》,三民书局股份有限公司 2003 年版,第 302 页。

② 施之勉:《汉书集释·景帝纪第五》,三民书局股份有限公司 2003 年版,第 302 页。

③ 参见杨建:《西汉初期津关制度研究:附〈津关令〉简释》,上海古籍出版社 2010 年版。

④ 参见李均明:《秦汉简牍文书分类辑解》,文物出版社 2009 年版。

⑤ 参见唐晓军:《汉简所见关传与过所的关系》,载《西北史地》1994 年第 3 期。

⑥ 崔豹撰,牟华林校笺:《〈古今注〉校笺》,线装书局 2014 年版,第 217 页。

⑦ 参见藤田胜久:《金关汉简的传与汉代交通》,见武汉大学简帛研究中心:《简帛(第 7 辑)》,上海古籍出版社 2012 年版。

十七、至于

《汉书》原文："丞相弘宴见，上或时不冠。至如见黯，不冠不见也。"①

王先谦《汉书补注》曰："至如，疑本作至于，涉上文至如而误也。"②

施之勉按曰："《事类赋》十二引史，至如作至于。王引之曰，如，犹于也。《史记·汲黯传》曰，丞相弘燕见，上或不冠。至如黯见，不冠不见也。言至于黯见，上必冠也。"③

可见，王先谦认为涉上文"上曰：然。古有社稷之臣，至如汲黯，近之矣"而误，是根据文意而推论。施之勉分别根据宋吴淑撰《事类赋》所引内容和《史记》所载，认为应作"至于"。但《事类赋》引自《史记》而非《汉书》，班固著《汉书》在使用这个词语时，是否对《史记》原文做了改变，不得而知。因此，从引史文献角度则无法定论。若从文法的角度来看，尽管《史记》与《汉书》中"至如+人名"和"至于+人名"的事例多见，如《留侯世家》："至如留侯所见老父予书，亦可怪矣"④，又《萧何曹参传》："今诸君徒能走得兽耳，功狗也；至如萧何，发踪指示，功人也"⑤，但"至于+动词+人名"则没有。所以，王先谦的推论是具有合理性的。

十八、薄曲

《汉书》原文："勃以织薄曲为生。"⑥

① 施之勉：《汉书集释·张冯汲郑传第二十》，三民书局股份有限公司2003年版，第5831页。
② 施之勉：《汉书集释·张冯汲郑传第二十》，三民书局股份有限公司2003年版，第5831页。
③ 施之勉：《汉书集释·张冯汲郑传第二十》，三民书局股份有限公司2003年版，第5831页。
④ 司马迁：《史记·留侯世家第二十五》，中华书局2013年版，第2474页。
⑤ 班固：《汉书·萧何曹参传第九》，中华书局1962年版，第2008页。
⑥ 施之勉：《汉书集释·张陈王周传第十》，三民书局股份有限公司2003年版，第5226页。

苏林曰:“薄一名曲。《月令》曰,具曲植。”[①]

颜师古曰:“许慎云,苇薄为曲也。”[②]

施之勉按曰:“《史记索隐》曰,谓勃本以织蚕薄为生业也。《说文》苗,蚕薄也。又曲,或说曲,蚕薄也。苗与曲同,许兼用此二形。《豳风》毛传曰,豫畜萑苇,可以为曲也。《礼记·月令》季春,具曲植筥筐。郑玄曰,曲,薄也。孔颖达曰,按,《方言》云,宋魏陈江淮之间谓之曲,或谓之麴。自关而西谓之薄。故云曲薄。日人中井积德曰,平为薄,圈为曲。”[③]

何谓“薄曲”?尽管施之勉在按语中旁征博引,但没有给出明确答案。而且《史记索隐》尚有漏引之处,如“韦昭云‘北方谓薄为曲’。许慎注《淮南》云:‘曲,苇薄也’”。关于“薄曲”的名称来源,韦昭与《方言》所说有所抵牾,二人所认为“谓薄为曲”的地域并不完全相同,中井积德说纯属臆测。通过历代注家的解释,此处的“曲”几乎都是用“苇”编制的,再结合当时的命名规则,意近而名不同可能与编制材料或用途有别所致,而“薄”极有可能是由“竹篾”编制而成。有人认为是“养蚕结茧用具,用苇或竹蔑编成”[④]。《礼记·月令》:“季春之月……具曲、植、籧、筐。时所以养蚕器也。曲,薄也。”又陆德明释文引李颐云:曲,蚕薄;《说文》也认为为“蚕薄”也。历代注家甚明,即养蚕用之用具,而非结茧用也。

十九、面雍树驰

《汉书》原文:“婴常收载行,面雍树驰。”[⑤]

服虔曰:“高祖欲斩之,故婴围树走,面向树也。”[⑥]

---

① 施之勉:《汉书集释·张陈王周传第十》,三民书局股份有限公司2003年版,第5227页。
② 施之勉:《汉书集释·张陈王周传第十》,三民书局股份有限公司2003年版,第5227页。
③ 施之勉:《汉书集释·张陈王周传第十》,三民书局股份有限公司2003年版,第5227页。
④ 华夫主编:《中国古代名物大典》上,济南出版社1993年版,第453页。
⑤ 施之勉:《汉书集释·樊郦滕灌傅靳周传第十一》,三民书局股份有限公司2003年版,第5291页。
⑥ 施之勉:《汉书集释·樊郦滕灌傅靳周传第十一》,三民书局股份有限公司2003年版,第5291页。

上郡、河上郡，则吴说不攻自破。那么，该如何理解《史记》《汉书》记载不合的情况呢，恐怕全祖望的解释是最为合理的，即"《史记》于元年八月书置二郡者，高祖既灭二国，定其疆也。《汉书》于二年六月书置五郡者，高祖尽定三秦，通正其地界也"①。

二十一、废皇太子荣为临江王在十一月乙丑

《汉书》原文："七年春正月，废皇太子荣为临江王。"②

王先谦《汉书补注》曰："《史记》云七年冬。表作十一月己酉，《通鉴》从之。荀《纪》从本纪。"③

施之勉按曰："《西汉年纪》十一月乙丑，废太子荣为临江王。《史记大事记》《考异》曰，《汉纪》作正月，《史记》纪作冬。按，《史记·年表》作十一月乙丑，太子废。又《汉书·梁王传》云，十一月，上废栗太子。按，诸书，当是《汉书》本《纪》误。又《通鉴》作十一月己酉。按，长历十一月辛酉朔，无己酉，而乙丑乃十一月初五日，当是《通鉴》为谬。今从《史记·年表》。"④

从施之勉的按语可以看到，废皇太子荣为临江王的时间有几个版本：一个是《史记·年表》作十一月乙丑；另一个是《汉书·景帝纪》为"春正月"；还有一个是《资治通鉴》作十一月己酉。最终根据《汉书·梁王传》"十一月"的记载，认定《汉书》本纪和《资治通鉴》记载有误，以《史记·年表》为是。通过相关论述，可以认定此事发生在十一月。关于具体日期，其实"表作十一月己酉"，《史记·年表》作"十一月乙丑"，《资治通鉴》只是采取了前者的说法而已。施之勉考证结论的基点在于司马光《资治通鉴》所收刘羲叟《长历》所载"辛酉朔"说。但汪曰桢《历代长术辑要》持"乙卯朔"说⑤，陈垣《中西回史日历》⑥、《中国史历日和中西历

① 全祖望撰，朱铸禹汇校集注：《全祖望集汇校集注》，上海古籍出版社 2000 年版，第 2002 页。
② 施之勉：《汉书集释·景帝纪第五》，三民书局股份有限公司 2003 年版，第 304 页。
③ 班固撰，王先谦补注：《汉书补注(一)》，上海古籍出版社 2008 年版，第 208 页。
④ 施之勉：《汉书集释·景帝纪第五》，三民书局股份有限公司 2003 年版，第 304—305 页。
⑤ 参见汪曰桢：《历代长术辑要》，上海中华书局 1936 年版。
⑥ 参见陈垣：《中西回史日历》，中华书局 1962 年版。

日对照表》[1]持“丙辰朔”说。因此,若采取不同的标准,可能结论也不一样。

二十二、韩生

《汉书》原文:“韩生曰:人谓楚人沐猴而冠,果然。羽闻之,斩韩生。”[2]

周寿昌曰:“《法言·重黎篇》韩生作蔡生。沐猴作木侯。斩韩生作亨之。”[3]

施之勉按曰:“《困学纪闻》卷十二《项羽纪》说者曰,人言楚人沐猴而冠耳!《法言》以为蔡生,《汉书》以为韩生。翁元圻曰,案,《法言·重黎篇》蔡生欲安项咸阳不能移,又亨之。或者未辩与! 曰,生舍其木侯,而谓人木侯,亨不亦宜乎?《汉书·项羽传》韩生说羽曰,关中阻山带河,四塞之地,肥饶,可都以伯。羽见秦宫室皆已烧残,又怀思东归。曰,富贵不归故乡,如衣锦夜行。韩生曰,人谓楚人沐猴而冠,果然。羽闻之,斩韩生。晋段灼表亦言项羽既得而失之,其咎在烹韩生,而范增之谋不用。宋王益之《西汉年纪·高祖纪·考异》曰,《楚汉春秋》、扬雄《法言》以为蔡生,班史、《通鉴》以为韩生,未知孰是。唯《史记》以为说者,今从《史记》。”[4]

从施之勉的按语来看,其赞同王应麟的看法,据《史记》载:“或说项王曰:‘关中阻山河四塞,地肥饶,可都以霸。’项王见秦宫室皆以烧残破,又心怀思欲东归,曰:‘富贵不归故乡,如衣绣夜行,谁知之者!’说者曰:‘人言楚人沐猴而冠耳,果然。’项王闻之,烹说者。”[5]即赞同《史记》“说者”的记载,反对“韩生”“蔡生”之说。其实“韩生”“蔡生”并不是确切的名字,而是一个模糊的称谓,即指韩地或蔡地的儒生,可能因不知名的“说者”口音判断的。《汉书》为“韩生”,《楚汉春秋》《法言》为“蔡生”,从文本的性质来说,应该从《汉书》。

① 参见方诗铭、方小芬:《中国史历日和中西历日对照表》,上海辞书出版社 1987 年版。
② 施之勉:《汉书集释·陈胜项籍传第一》,三民书局股份有限公司 2003 年版,第 4764 页。
③ 施之勉:《汉书集释·陈胜项籍传第一》,三民书局股份有限公司 2003 年版,第 4764 页。
④ 施之勉:《汉书集释·陈胜项籍传第一》,三民书局股份有限公司 2003 年版,第 4764—4765 页。
⑤ 司马迁:《史记·项羽本纪第七》,中华书局 2013 年版,第 398 页。

二十三、萧嘉

《汉书》原文："封故相国萧何孙系为列侯。"①

颜师古曰："系，音胡计反。"②

钱大昭曰："《功臣表》孝景二年，侯嘉以则弟绍封二千户。本传，《汉纪》同。系当作嘉。"③

施之勉按曰："荀《纪》封萧何曾孙嘉为列侯。先是，嘉兄则有罪失侯。周寿昌曰，按，《功臣表》及《何传》俱作何孙嘉，无名系者。系恐因与孙字相承而误也。沈家本曰，《史记》在此年春。《史》、《汉》两表及《萧何传》并名嘉，封武阳。钱氏大昭谓，当作嘉。按，《史记》亦作系。《集解》按，《汉书·功臣表》及《萧何传》皆云孙嘉。疑其人有二名。"④

施之勉遍引相关注解的观点，总体而言，可以分为两类，一是认为"系"是"孙"之误字，二是其人有二名，即名"系"与"嘉"。施之勉并未明确自己的看法。不论在《史记》还是《汉书》中，名"系"仅出现一次，而名"嘉"出现多次，而且《史记》《汉书》两表及《萧何传》均名嘉，因此"二名"说恐怕难以成立。需要注意的是，"系"与"孙"的繁体字形极为近似，且两字在《景帝纪》中前后相连，因此，有人认为"系"为"孙"的误书更具合理性。《史记》《汉书》出现名"系"，均在本纪中，应是《史记》误书在先，而《汉书》以误传误在后。

二十四、行在所

《汉书》原文："军吏皆曰：善。遂囚建行在所。"⑤

① 施之勉：《汉书集释·景帝纪第五》，三民书局股份有限公司 2003 年版，第 287 页。
② 施之勉：《汉书集释·景帝纪第五》，三民书局股份有限公司 2003 年版，第 287 页。
③ 施之勉：《汉书集释·景帝纪第五》，三民书局股份有限公司 2003 年版，第 287 页。
④ 施之勉：《汉书集释·景帝纪第五》，三民书局股份有限公司 2003 年版，第 287 页。
⑤ 施之勉：《汉书集释·卫青霍去病传第二十五》，三民书局股份有限公司 2003 年版，第 6181 页。

《汉书补注》引刘敞曰:“当云诣行在所。[1]”王先谦曰:“《史记》有诣字,此脱。”[2]

蔡邕曰:“天子自谓所居曰行在所,犹言今虽在京师,行所至耳。巡狩天下所奏事处皆为宫,则长宫则曰奏长安宫,在泰山则曰奏奉高宫,唯当时所在。”[3]

施之勉按曰:“蔡说是也。天子以天下为家,不以京师宫室为常,故虽京师,亦谓行在所也。此云遂因建诣行在所,荀悦《汉纪》作遂囚建,上至长安,本传下文云,独遣浑邪王乘传,先诣行在所。既至长安,封浑邪王万户为漯阴侯。《汲黯传》云,匈奴浑邪王来降,至京师,《地理志》云,汉兴,立都长安。此京师称行在所之证也。又,褚补《滑稽传》,武帝时,征北海太守诣行在所,文学卒史王先生自请与太守俱,遂与俱行。至宫下,待诏宫府门。王先生曰,天子即问君何以治北海,令无盗贼,愿君对言非臣之力,尽陛下神灵威武之所变化也。召入,至于殿下。有诏问之,曰,何以治北海,令盗贼不起。叩头对言,非臣之力,尽陛下神灵威武之所变化也。武帝大笑曰,安得长者之语而称之,安所受之。对曰,受之文学卒史。帝曰,今安在?对曰:在宫府门外。有诏,召拜王先生为水衡丞,以北海太守为水衡都尉。按,《滑稽补传》以宫下,宫府门,殿下,为行在所。是又京师为行在所之证也。”[4]

综观施之勉按语,其认为蔡邕的说法是对的,又接着说“天子以天下为家,不以京师宫室为常,故虽京师,亦谓行在所也”,但他所说并不是蔡邕所强调的,这可以从《独断》中看出:“汉天子正号曰皇帝,自称曰朕,臣民称之曰陛下。其言曰制诏,史官记事曰上。车马衣服器械百物曰乘舆。所在曰行在所,所居曰禁中,后曰省中。”[5]蔡邕强调的是天子所在曰“行在所”,这在出土简牍材料中也可得到验证:“使乌孙长罗侯惠遣斥候恭,上书诣行在所。以令为驾一乘传。甘露二年二月甲戌,敦煌骑司马充行大守事,库令贺兼行丞事,谓敦煌以次为,当舍传舍,如律令。(V1311③:315)”[6]而施之勉的观点为“京师为行在所”。其

① 施之勉:《汉书集释·卫青霍去病传第二十五》,三民书局股份有限公司2003年版,第6181页。
② 施之勉:《汉书集释·卫青霍去病传第二十五》,三民书局股份有限公司2003年版,第6181页。
③ 施之勉:《汉书集释·卫青霍去病传第二十五》,三民书局股份有限公司2003年版,第6182页。
④ 施之勉:《汉书集释·卫青霍去病传第二十五》,三民书局股份有限公司2003年版,第6182页。
⑤ 蔡邕:《独断》,上海商务印书馆1936年版,第1页。
⑥ 胡平生、张德芳:《敦煌悬泉汉简释粹》,上海古籍出版社2001年版,第142页。

实,《汉书·武帝纪》载:“谕三老孝弟以为民师,举独行之君子,征诣行在所。”颜师古注已指出:“天子或在京师,或出巡狩,不可豫定,故言行在所耳。不得亦谓京师为行在也。”①即太子行所在称为“行在所”,具体而言指具体的宫殿或地点,而非泛指整个京师。

二十五、中郎吏

《汉书》原文:“三月,诏曰:乃者凤皇集泰山、陈留,甘露降未央宫。……其赦天下徒,赐勤事吏中二千石以下至六百石爵,自中郎吏至五大夫……”②

颜师古曰:“赐中郎吏爵得至五大夫。自此以上,每为等级而高赐也。五大夫,第九爵也。一曰二千石至五大夫,自此以下而差降。”③

刘攽曰:“‘爵自中郎吏’文,误。盖本云‘自中更至五大夫’,传者误以‘更’为‘吏’,遂衍出‘郎’字。与民爵不过公乘,则赐吏爵自五大夫而上也。以中二千石爵中更,二千石亦当左更,真比同千石当右庶长,六百石则五大夫矣。寻本始元年诏文,则知此说是。苏舆曰:爵属上为句,自中更至五大夫,犹本始诏云自左更至五大夫也。”④

施之勉按曰:“本《纪》是年三月,以凤皇集赦天下,当是此时建议也。今附于此。刘攽曰,爵自中郎吏文误。盖本云自中更至五大夫,传者误以更为吏,遂衍出郎字。寻寻本始元年诏文,则知此说是。”⑤

由上可见,除颜师古外,均将“中郎吏”视为“中更”之误,施之勉赞同刘攽说,“爵自中郎吏”应为爵自中更至五大夫。关于句读,苏舆认为“爵属上为句”,而《汉书》中多有赐爵的诏令,如“赐勤事吏中二千石以下至六百石爵”,如此看来,“爵”字在句读之前,语义更为顺畅。而把“爵”字下读,则衍生了后代

① 班固:《汉书·武帝纪第六》,中华书局1962年版,第181页。
② 施之勉:《汉书集释·宣帝纪第八》,三民书局股份有限公司2003年版,第648页。
③ 施之勉:《汉书集释·宣帝纪第八》,三民书局股份有限公司2003年版,第648页。
④ 班固撰,王先谦补注:《汉书补注(一)》,上海古籍出版社2008年版,第356页。
⑤ 施之勉:《汉书集释·宣帝纪第八》,三民书局股份有限公司2003年版,第648页。

注家将“中郎吏”视为“中更”之误的根源,因为汉代二十等爵里有“中更”而没有“中郎吏”,所以这种理解是不恰当的。尽管汉代没有“中郎吏”这一固定官称,但《汉书》中多有“殿中郎吏”的术语,如《汉书·五行志》载:“哀帝建平二年四月乙亥朔,御史大夫朱博为丞相,少府赵玄为御史大夫,临延登受策,有大声如钟鸣,殿中郎吏陛者皆闻焉”①,此处“中郎吏”可能是“殿中郎吏”的漏笔或省称。师古“赐中郎吏爵得至五大夫”的注解较为妥当。

二十六、民爵

施之勉对《汉书》进行集释中涉及“民爵”的有两处,下面将综而述之。

《汉书》原文:“孝惠皇帝,高祖太子也……十二年四月,高祖崩。五月丙寅,太子即皇帝位。尊皇后曰皇太后。赐民爵一级。”②

颜师古曰:“帝初嗣位,为恩惠也。”③

《补注》引沈钦韩曰:“此赐民爵之始。《赵策》赵胜受地,诸吏皆益爵三级。民能相集者,赐家六金。是古但赐民金也。”④又先谦曰:“官本注‘即’作‘嗣’。”

施之勉按曰:“沈说非也。《秦纪》昭王二十一年,魏献安邑,秦出其人,暮徙河东,赐爵。《白起传》昭王四十七年,王自河内,赐民爵各一级。是战国时,秦已赐民爵,非始于此矣。又按,《高纪》二年二月癸未,令民除秦社稷,立汉社稷,施恩德,赐民爵。是汉朝赐民爵,亦非始于此也。”⑤

《汉书》原文:“元年冬十二月,赵隐王如意薨……赐民爵户一级。”⑥

① 班固:《汉书·五行志第七中之下》,中华书局1962年版,第1429页。
② 施之勉:《汉书集释·惠帝纪第二》,三民书局股份有限公司2003年版,第158页。
③ 施之勉:《汉书集释·惠帝纪第二》,三民书局股份有限公司2003年版,第159页。
④ 施之勉:《汉书集释·惠帝纪第二》,三民书局股份有限公司2003年版,第159页。
⑤ 施之勉:《汉书集释·惠帝纪第二》,三民书局股份有限公司2003年版,第159页。
⑥ 施之勉:《汉书集释·惠帝纪第二》,三民书局股份有限公司2003年版,第166—168页。

施之勉按曰:"荀《纪》凡赐民爵,所以宣恩惠,慰人心,必有所由也。"[①]

可见,施之勉在两则集释中的核心观点分别是"民爵非始于汉惠帝"和"赐民爵所以宣恩惠,慰人心,必有所由也"。前者主要批评沈钦韩说,后者是对荀悦说的肯定。其实,西汉建立后不久便有普赐民爵之举,如"(惠帝)即皇帝位,尊皇后曰皇太后。赐民爵一级。(前195年)"[②]"民有罪,得买爵三十级以免死罪。赐民爵,户一级。(前194)"[③]"九月,长安城成。赐民爵,户一级。(前190)"[④]《汉书·高后纪》载:"二月,赐民爵,户一级。(前187)"[⑤]文景时期,赐民爵变得更加频繁。西嶋定生认为爵所具有的本质的机能,就是身份形成,从而民爵赐予的第一义的目的也就在于身份的形成。[⑥] 杜正胜认为:西汉中期以后,平民的爵级已经丧失社会意义。[⑦] 不过,尽管文景时期赐民爵泛滥,开始逐渐与特定政治经济权益分离,但在社会中仍存在着一定的作用,如王莽建始年间的居延简文:"几何岁爵公士以上当得臧"[⑧],显示当时爵在公士以上者还享有某些特权。秦汉赐民爵制度并没有因为爵的贬值而停止,至东汉频赐民爵现象依然存在。[⑨]

二十七、徒人

《汉书》原文:"秦令少府章邯免骊山徒人、奴产子……"[⑩]

服虔曰:"家人之产奴也。"[⑪]

---

① 施之勉:《汉书集释·惠帝纪第二》,三民书局股份有限公司2003年版,第168页。
② 班固:《汉书·惠帝纪第二》,中华书局1962年版,第85页。
③ 班固:《汉书·惠帝纪第二》,中华书局1962年版,第88页。
④ 班固:《汉书·惠帝纪第二》,中华书局1962年版,第91页。
⑤ 班固:《汉书·高后纪第三》,中华书局1962年版,第96页。
⑥ 参见西嶋定生著,武尚清译:《二十等爵制》,国际文化出版公司1992年版,第263页。
⑦ 参见杜正胜:《"编户齐民论"的剖析》,见王健文:《政治与权力》,中国大百科全书出版社2005年版。
⑧ 陈直:《居延汉简研究》,天津古籍出版社1986年版,第69页。
⑨ 参见王爱清:《秦汉基层等级身份秩序的确立与变迁——以赐民爵为中心》,载《兰州学刊》2013年第10期。
⑩ 施之勉:《汉书集释·陈胜项籍传第一》,三民书局股份有限公司2003年版,第4728页。
⑪ 施之勉:《汉书集释·陈胜项籍传第一》,三民书局股份有限公司2003年版,第4728页。

颜师古曰："奴产子，犹今人云家生奴也。"①

施之勉按曰："荀《纪》秦令将军章邯，赦骊山作徒七十万人以击之。王骏观曰，徒人，徒罪之人也。奴者，重罪没为官奴，与今律发给某处披甲人为奴者同。妻子一并入，故奴有产子。盖谓赦免骊山徒人及奴罪之子从军也。以为家产奴家生子，则误矣。"②

由上可知，施之勉认同"徒人"说，颜师古注不确定。《史记·陈涉世家》的记述为："秦令少府章邯免郦山徒、人奴产子生，悉发以击楚。"③其实这涉及"骊山徒人奴产子"断句的问题。已有学者根据《睡虎地秦墓竹简》中提到私家奴隶的称谓时，均使用"人奴""人奴妾""人臣"等固定用语，判断句读"人奴产子"是正确的，并进一步指出在秦汉时期，"徒"与"人"是不能连在一起的。④ 因此，施之勉所引王骏观"徒人"的观点有误，颜师古的观点是成立的。

二十八、钱三钱五

《汉书》原文："高祖以吏繇咸阳，吏皆送奉钱三，何独以五。"⑤

颜师古曰："出钱以资行，他人皆三百，何独五百，奉，音扶用反。"⑥

王先谦《汉书补注》曰："《索隐》刘氏云：'时钱有重者，一当百，故有送钱三者。'"⑦

施之勉按曰："官本考证，臣照按，李奇曰，或三百，或五百，《索隐》则谓时有当百钱，疑皆非也。文明曰，奉钱，则是就其本奉十之三为赠，而何独以奉十五

① 施之勉：《汉书集释·陈胜项籍传第一》，三民书局股份有限公司 2003 年版，第 4728 页。

② 施之勉：《汉书集释·陈胜项籍传第一》，三民书局股份有限公司 2003 年版，第 4728 页。

③ 司马迁：《史记·陈涉世家第十八》，中华书局 2013 年版，第 2357 页。

④ 参见雏飞：《"骊山徒人奴产子"断句辨析》，载《河南大学学报（社会科学版）》1986 年第 1 期。笔者按：雏飞应是朱绍侯先生笔名。

⑤ 施之勉：《汉书集释·萧何曹参传第九》，三民书局股份有限公司 2003 年版，第 5121 页。

⑥ 施之勉：《汉书集释·萧何曹参传第九》，三民书局股份有限公司 2003 年版，第 5121 页。

⑦ 班固撰，王先谦补注：《汉书补注（七）》，上海古籍出版社 2008 年版，第 3346 页。

结语:《汉书集释》的启示

施之勉先生常年从事《史记》和《汉书》的考证与研究,《汉书集释》虽然残缺,但也足以代表其研究的特色,而其研究的方法与不足,也最能给后学以启迪。本节将在前文的基础上,对《汉书集释》的研究方法进行整体性的揭示并评议,并再发掘《汉书集释》研究中尚存在的问题,这将使我们能够充分了解和吸收施之勉的长处,并且为进一步推动《汉书》的研究提供一定的启迪。

一、研究方法

在《汉书集释》阎振兴的序言中,转述了施之勉曾经告诉别人其治学的方法,具体而言可以概括为十条:

1. 比较明显法:"各书记载同一事之语句,孰为明显。明显者其著作时期当在后,或系后者采取前者。"①

2. 记载异同法:"研究同一事实,甲乙两书之记载如相同,非甲取乙即乙取甲,或取自同一史料。"②

3. 布局异同法:"研究全书各篇布局一致者,必出于一人之手,否则必非一人之手笔。"③

4. 文体异同法:"研究全书各篇文体一致者,必为一人所作;反是,则非一人手笔。"④

5. 逞显本能法:"研究书中记某类事精详,即知作者长于某类事。若全书一

① 施之勉:《汉书集释·阎序》,三民书局股份有限公司2003年版,"序"第1页。
② 施之勉:《汉书集释·阎序》,三民书局股份有限公司2003年版,"序"第1页。
③ 施之勉:《汉书集释·阎序》,三民书局股份有限公司2003年版,"序"第1页。
④ 施之勉:《汉书集释·阎序》,三民书局股份有限公司2003年版,"序"第1页。

致,当为一人之作品;否则非一人之作品。”[①]

6. 文法变迁法:“研究全书文法全同,则为一时代之作品;否则非一时代之作品。”[②]

7. 本身考定(订)法:“就书文体思想本身之异同,考定其著作时期。”[③]

8. 记载详确法:“如《国语》记载灭吴之年,较《左传》所记为确。以记之详确者为是。”[④]

9. 使用方言法:“《国语》中用楚方言者十一条,吴越方言者二条。用楚方言为多当系楚人作品。兼用吴越方言,因吴越距楚较近也。”[⑤]

10. 记载袒护法:“《晋语》记优施通骊姬,《左传》不载,乃袒晋。《左传》记楚平王纳子妻,《国语》不载乃袒楚。”[⑥]

以上应是施之勉毕生治学的方法与心得,但并没有完全具体运用到《汉书》的集释中。比如:布局异同法、文体异同法、逞显本能法三则,均是考察某书是否出于某人之手;文法变迁法、本身考定(订)法两则,是为了考订某书的成书年代;使用方言法、记载袒护法两则,目的是分析某书作者的出生地,或者是何处所出。那么,剩余的比较明显法、记载异同法、记载详确法三则,才是施之勉在《汉书集释》中常用的方法。前两者体现在考察版本、文字和史事异同方面,后者主要是对史事不足之处的补充或者对不缺之处的不论。下文将结合具体事例,对施之勉在《汉书集释》中所使用的研究方法进行概括。

(一)同书比较

1. 皆以君

《汉书》原文:“老父曰:乡者夫人儿子皆以君,君相贵不可言。”[⑦]

---

① 施之勉:《汉书集释·阎序》,三民书局股份有限公司 2003 年版,“序”第 1 页。
② 施之勉:《汉书集释·阎序》,三民书局股份有限公司 2003 年版,“序”第 1 页。
③ 施之勉:《汉书集释·阎序》,三民书局股份有限公司 2003 年版,“序”第 1 页。
④ 施之勉:《汉书集释·阎序》,三民书局股份有限公司 2003 年版,“序”第 1—2 页。
⑤ 施之勉:《汉书集释·阎序》,三民书局股份有限公司 2003 年版,“序”第 2 页。
⑥ 施之勉:《汉书集释·阎序》,三民书局股份有限公司 2003 年版,“序”第 2 页。
⑦ 施之勉:《汉书集释·高帝纪第一》,三民书局股份有限公司 2003 年版,第 14 页。

关于文中"以"字,如淳曰:"言并得君之贵相也。以或作似。"①而颜师古则曰:"如说非也。言夫人及儿子以君之故,因得贵耳,不当作似也。"②施之勉按,"《符瑞志》作皆以君,与此合。"③从这种方法来说,应是对钱大昭的继承。钱大昭在《汉书补注》中指出《史记》与《论衡·骨相篇》并作"皆似君"④。施之勉在《汉书》中就直接找出"皆以君"的记载,可以说这增加了颜师古说的证据。

(二)他书对比

1. 因作困

《汉书》原文:"行数里,醉困卧。"⑤

王先谦《汉书补注》曰:"官本困作因。《史记》同。"⑥

施之勉按曰:"《御览》八十七引《史记》因作困。"⑦

今按:单从文义而言,"困"字较"因"为胜。如周寿昌曰:"监本、凌稚隆本亦作因。据文义,始曰被酒,中曰醉,末曰醉困卧,情事明有次第,言醉后行数里而困,故卧也。"⑧施之勉别出心裁,根据《太平御览》所引内容指出"因作困",把问题引到《史记》本身所载文字不一致的同时,也表明了自己的观点。

2. 于是东游以猒(厌)当之

施之勉按曰:"《史记》于是下有因字。《类众》十二、《御览》八十七、八百七十二引《史记》无因字。"⑨

今按:《史记》标点本记载为"秦始皇帝常曰'东南有天子气',于是因东游以厌之"⑩,关于引述《史记》内容的作品有无"因"字,也不一定就能证明原文中

① 施之勉:《汉书集释·高帝纪第一》,三民书局股份有限公司2003年版,第14页。
② 施之勉:《汉书集释·高帝纪第一》,三民书局股份有限公司2003年版,第14页。
③ 施之勉:《汉书集释·高帝纪第一》,三民书局股份有限公司2003年版,第15页。
④ 班固撰,王先谦补注:《汉书补注(一)》,上海古籍出版社2008年版,第9页。
⑤ 施之勉:《汉书集释·高帝纪第一》,三民书局股份有限公司2003年版,第18页。
⑥ 施之勉:《汉书集释·高帝纪第一》,三民书局股份有限公司2003年版,第18页。
⑦ 施之勉:《汉书集释·高帝纪第一》,三民书局股份有限公司2003年版,第18页。
⑧ 施之勉:《汉书集释·高帝纪第一》,三民书局股份有限公司2003年版,第18页。
⑨ 施之勉:《汉书集释·高帝纪第一》,三民书局股份有限公司2003年版,第20页。
⑩ 司马迁:《史记·高祖本纪第八》,中华书局2013年版,第440页。

也没有该字。此处是为《汉书》做集释,尽管班固对《史记》有所损益,但从文本来说,此处的校勘意义并不大。倒是为《史记》原文和被引文之间出现差异的原因提供了解释。

(三)版本对比

1. **施之勉按曰**:"景祐本有二月二字。《史记·张耳传》汉元年二月,项羽立诸侯王。乃分赵,立张耳为常山王,与此同。"①

今按:《汉书》原文:"二月,羽自立为西楚霸王……"②王先谦曰:"官本无二月二字。《考证》云:句上监本衍二月二字,从宋本删去。"③施之勉发现景祐本有"二月"二字,特别是通过《史记·张耳传》的记载可以确认该事件发生在"二月",因此,尽管官本无,但也不能轻率地确凿是衍文。

2. **施之勉按曰**:"景祐本作丧。何焯曰,诛羽以正君臣之义,仍为发丧哭临者,尝受命怀王,约为兄弟故也。"④

今按:《汉书》原文:"汉王为发葬,哭临而去。"⑤王先谦《汉书补注》曰:官本作"丧"。施之勉指出景祐本作"丧",为原文校勘增加了一重证据。

3. **施之勉按曰**:"景祐本作吾魂魄犹思沛。"⑥

今按:《汉书》原文:"吾虽都关中,万岁之后,吾魂魄犹思乐沛。"⑦王先谦《汉书补注》曰:"官本乐作家,引宋祁曰:家或作乐。"⑧"《史记》作乐思沛。"⑨施之勉引用景祐本"思沛",提供了一种新的校勘意见。

4. **施之勉按曰**:"景祐本卖作买。"⑩

今按:《汉书》原文:"令民得卖爵。"⑪王先谦《汉书补注》曰:"官本卖作买。"⑫施之勉可能根据景祐本直接将"卖"置换为"买"。若参照《汉书·惠帝

---

① 施之勉:《汉书集释·高帝纪第一》,三民书局股份有限公司2003年版,第55页。
② 施之勉:《汉书集释·高帝纪第一》,三民书局股份有限公司2003年版,第55页。
③ 施之勉:《汉书集释·高帝纪第一》,三民书局股份有限公司2003年版,第55页。
④ 施之勉:《汉书集释·高帝纪第一》,三民书局股份有限公司2003年版,第91页。
⑤ 施之勉:《汉书集释·高帝纪第一》,三民书局股份有限公司2003年版,第91页。
⑥ 施之勉:《汉书集释·高帝纪第一》,三民书局股份有限公司2003年版,第138页。
⑦ 施之勉:《汉书集释·高帝纪第一》,三民书局股份有限公司2003年版,第138页。
⑧ 施之勉:《汉书集释·高帝纪第一》,三民书局股份有限公司2003年版,第138页。
⑨ 施之勉:《汉书集释·高帝纪第一》,三民书局股份有限公司2003年版,第138页。
⑩ 施之勉:《汉书集释·惠帝纪第二》,三民书局股份有限公司2003年版,第177页。
⑪ 施之勉:《汉书集释·惠帝纪第二》,三民书局股份有限公司2003年版,第177页。
⑫ 施之勉:《汉书集释·惠帝纪第二》,三民书局股份有限公司2003年版,第177页。

纪》:"元年冬十二月……民有罪,得买爵三十级以免死罪。"[①]又"成帝鸿嘉三年,令民得买爵,贾级,千岁"[②]。此处应校勘为"买"。

5. **施之勉按曰**:"景祐本有汉水二字。"[③]

今按:《汉书》原文:"三年夏,江水溢,流民四千余家。"[④]王先谦《汉书补注》引钱大昭曰:"江水下脱汉水,南监本、闽本有。《汉纪》亦作江水、汉水溢流。"[⑤]又王先谦曰:"汪本、官本有汉水二字。"[⑥]施之勉指出景祐本有"汉水"二字,提供了一种新的校勘证据。

(四)综合对比

1. **施之勉按曰**:"景祐本作而。姚范曰,余按,《史记·豨传》豨不南据漳水,北守邯郸,与《史·帝纪》异。"[⑦]

今按:《汉书》原文:"上喜曰:豨不南据邯郸而阻漳水……"[⑧]《补注》引宋祁曰:"而,旧本作北。刊误据《史记》改为而。"[⑨]施之勉除以景祐本为参照外,还引用姚范《汉书考正》中所指出的《史记》记载的异同,在一定程度上动摇了《刊误》的证据基础。根据地理形势来看,《刊误》不准确。

2. **施之勉按曰**:"景祐本无溺也二字。沈家本曰,按,《楚辞·七谏·怨世》王逸注,淖,溺也。则汉人有此训,不必以疑。师古惟淖糜而训为溺,则理不可通耳。颜注淖糜之训,本于《尔雅·释言》郭注释文。鬻,《字林》云,淖糜也。淖,《字林》云,濡甚也。则注溺字,或当为濡字之讹。凌本、毛本溺作弱,当又为溺之讹。"[⑩]

今按:《汉书》原文:"诏曰:方春和时,草木群生之物,皆有以自乐……今闻吏禀当受鬻者,或以陈粟……"[⑪]颜师古曰:"禀,给也。鬻,淖糜也。给米使为

---

① 施之勉:《汉书集释·惠帝纪第二》,三民书局股份有限公司2003年版,第166—167页。
② 施之勉:《汉书集释·惠帝纪第二》,三民书局股份有限公司2003年版,第167页。
③ 施之勉:《汉书集释·高后纪第三》,三民书局股份有限公司2003年版,第189页。
④ 施之勉:《汉书集释·高后纪第三》,三民书局股份有限公司2003年版,第188页。
⑤ 施之勉:《汉书集释·高后纪第三》,三民书局股份有限公司2003年版,第188页。
⑥ 施之勉:《汉书集释·高后纪第三》,三民书局股份有限公司2003年版,第189页。
⑦ 施之勉:《汉书集释·高帝纪第一》,三民书局股份有限公司2003年版,第129页。
⑧ 施之勉:《汉书集释·高帝纪第一》,三民书局股份有限公司2003年版,第129页。
⑨ 施之勉:《汉书集释·高帝纪第一》,三民书局股份有限公司2003年版,第129页。
⑩ 施之勉:《汉书集释·文帝纪第四》,三民书局股份有限公司2003年版,第217页。
⑪ 施之勉:《汉书集释·文帝纪第四》,三民书局股份有限公司2003年版,第216页。

糜鬻也。陈,久旧也。《小雅·甫田》之诗曰:我取其陈。鬻,音之六反。淖,弱也。音女教反。"[1]王先谦《汉书补注》曰:"官本注,弱作溺。张照云,按,宋本无溺也二字。以溺训淖,理不可通。溺字当为泥字之讹。"[2]施之勉旁征博引,指出当为"濡"之误,这对现有的研究来说是全新的意见。

二、不足之处

《汉书集释》在文字校勘及史实考证等方面做出了一定的贡献,但也存在一些问题。

(一)校勘考证存在的不足

1. 校勘内容不当

施之勉按曰:"《寰宇记》下城字作拒。杨树达曰,城守者谓于城上为守耳。"[3]

今按:《汉书》原文:"乃闭城城守。"[4]颜师古曰:"城守者,守其城也。"[5]杨树达《汉书窥管·一》:"守城不得倒云城守。城守者,谓于城上为守耳。此与'郊迎''家居''庭说',文例相同。下文射帛城上,其明证也。"古代汉语研究者认为此处的"'城'不是宾语,而是名词作状语"[6]。施之勉引用《太平寰宇记》"闭城拒守",在此处的校勘意义不大。

2. 校勘版本有限

施之勉多据景祐本校勘《汉书》,所用其他版本有限。

《汉书》原文:"高祖怪问之。吕后曰:……"[7]

① 施之勉:《汉书集释·文帝纪第四》,三民书局股份有限公司 2003 年版,第 217 页。
② 施之勉:《汉书集释·文帝纪第四》,三民书局股份有限公司 2003 年版,第 217 页。
③ 施之勉:《汉书集释·高帝纪第一》,三民书局股份有限公司 2003 年版,第 21 页。
④ 施之勉:《汉书集释·高帝纪第一》,三民书局股份有限公司 2003 年版,第 21 页。
⑤ 施之勉:《汉书集释·高帝纪第一》,三民书局股份有限公司 2003 年版,第 21 页。
⑥ 黎千驹:《训诂方法与实践》,广西师范大学出版社 1997 年版,第 78 页。
⑦ 施之勉:《汉书集释·高帝纪第一》,三民书局股份有限公司 2003 年版,第 20 页。

施之勉按曰:“景祐本作高祖怪问吕后后曰,与越本同。”①

王先谦《汉书补注》引宋祁曰:“今越本作高祖怪问吕后,后曰。”②钱大昭曰:“闽本作高祖怪问吕后,吕后曰。”③张元济在《百衲本二十四史校勘记》中说过:官、北监本同此,景祐、汪、大德本同宋祁所云越本。尽管施之勉在清人的基础上有新的突破,但通过张元济先生的校勘记录来看,施之勉在对《汉书》集释的过程中涉及版本校对时,校勘版本相对有限。

3. 考证引书单一

施之勉主张多重引证外,在其按语中涉及考证时,往往喜欢用时代靠后的研究成果,当然除了时代越晚越详细,与其方法暗合外,还可能由于这些成果在前人系统积累的基础上已经做了进一步的拓展。但过度地依赖一本著作去系统地考证具体问题,从方法上来说,是存在缺陷的。如关于考证时间的内容,前文已具体涉及,其中最大的特点就是所有的结论都主要依据汪曰桢《历代长术辑要》。

《汉书》原文:“闰月,以渭城延陵亭部为初陵。”④

施之勉按曰:“《西汉年纪 · 考异》曰,荀《纪》以为闰二月,汉书以为闰正月。按,长历是年闰正月,《汉书》为是,今从之。”⑤

前文已述,除汪氏的著作外,还有陈垣《中西回史日历》⑥《中国史历日和中西历日对照表》等新成果,若采取不同的标准,可能结论也不一样。至于具体哪一种推算更为准确,恐怕要寄希望于相关出土类“历谱”的发现。但施之勉在考证时间方面,除了结论不一定正确之外,也存在一些其他问题。

4. 考证结果模糊

在具体内容的考证上,有不知所云之注。

---

① 施之勉:《汉书集释 · 高帝纪第一》,三民书局股份有限公司 2003 年版,第 20 页。
② 施之勉:《汉书集释 · 高帝纪第一》,三民书局股份有限公司 2003 年版,第 20 页。
③ 施之勉:《汉书集释 · 高帝纪第一》,三民书局股份有限公司 2003 年版,第 20 页。
④ 施之勉:《汉书集释 · 成帝纪第十》,三民书局股份有限公司 2003 年版,第 769 页。
⑤ 施之勉:《汉书集释 · 成帝纪第十》,三民书局股份有限公司 2003 年版,第 769 页。
⑥ 参见陈垣:《中西回史日历》,中华书局 1962 年版。

《汉书》原文:“十月戊午,日有食之。”[①]

刘攽曰:“此年记事十月在年终,亦误。”[②]

王益之《西汉年纪考异》曰:“《汉书》本纪书于中四年之末。荀《纪》亦然。然十月岂应在岁终?其误明矣。《吕氏大事记》移于五年之初。”[③]

施之勉按曰:“长历是年十月癸巳朔,而戊午乃二十六日也。今从之。”[④]

从上文可以看到,刘攽和王益之都认为当时应以“十月岁首”,因此此事不应记载本年之末,而应是新年之初。“长历是年十月癸巳朔,而戊午乃二十六日也”,此注解在此处与前人注解毫无关联,从对原文的理解来看也无意义。更奇怪的是“今从之”,是从《汉书》呢,还是从注解呢?其此前的引证与自己的结论又有什么关联呢?这类注解令人迷惑。

(二)编纂方面存在的不足

1. 改变《汉书》原有文本格式

《汉书集释》中改变《汉书》原文格式的地方,是对“表”的更改,即废除原来的表格形式而改成普通的文字叙述。众所周知,“表是纪传体史书重要的组成部分,它能以简明直观方式揭示复杂的历史现象。有了好的表,就可省却大量志、传之文”[⑤]。以《异姓诸侯王表》为例,该表是袭取《史记》的《秦楚之际月表》及《汉兴以来诸侯王年表》的内容,并稍事修改而成。它以时间为经,以王国为纬,按月、分栏、记事,立了汉、楚、衡山等二十栏,分别记述了汉元年一月至文帝后元七年项羽所封十八王和刘邦所封异姓八王的置废兴亡。通过对表格的阅览,可以很清晰和系统地了解异姓诸侯王的置废兴亡过程。但形式的改变,使得“表”的功能彻底丧失,也给读者繁文缛节、杂乱无章之感。这与施之勉无关,只是后来的整理者与出版者为了简便,而给本书减色不少。

2. 遗漏《汉书》原有文字记载

所谓遗漏原文,就是《汉书集释》文本中大量遗漏了《汉书》的原文,这在本

---

① 施之勉:《汉书集释·景帝纪第五》,三民书局股份有限公司2003年版,第310页。
② 施之勉:《汉书集释·景帝纪第五》,三民书局股份有限公司2003年版,第310页。
③ 施之勉:《汉书集释·景帝纪第五》,三民书局股份有限公司2003年版,第310页。
④ 施之勉:《汉书集释·景帝纪第五》,三民书局股份有限公司2003年版,第310页。
⑤ 许殿才:《谈〈汉书〉的体例》,载《辽宁大学学报》1991年第3期。

纪中表现得尤为明显,如《汉书·高帝纪》原文:"宽仁爱人,意豁如也。常有大度,不事家人生产作业。及壮,试吏,为泗上亭长,廷中吏无所不狎侮。好酒及色。常从王媪、武负贳酒。"①而《汉书集释》中的正文则变成"仁爱人,意豁如也。……常从王媪武负贳酒"。后者省略号的部分,则是施之勉省掉的《汉书》原文,从"常有大度……好酒及色",小计33字。这会给利用《汉书集释》进行研究的研究者带来极大的不便,为此,笔者在与王先谦《汉书补注》对比的基础上,对相关遗漏字数进行了统计。

表2 《汉书集释》中《纪》遗漏的字数统计

序号	具体章节	遗漏字数/个
1	高帝纪第一	1978
2	惠帝纪第二	0
3	高后纪第三	10
4	文帝纪第四	235
5	景帝纪第五	379
6	武帝纪第六	676
7	昭帝纪第七	267
8	宣帝纪第八	554
9	元帝纪第九	853
10	成帝纪第十	560
11	哀帝纪第十一	18
12	平帝纪第十二	335
总计		5865

表3 《汉书集释》中《表》遗漏的字数统计

序号	具体章节	遗漏字数/个
1	异姓诸侯王表第一	233
2	诸侯王表第二	756

① 班固:《汉书 卷一上 高帝纪第一上》,中华书局1962年版,第2页。

续表

序号	具体章节	遗漏字数/个
3	王子侯表第三上	18
4	王子侯表第三下	21
5	高惠高后孝文功臣表第四	611
6	景武昭宣元成功臣表第五	92
7	外戚恩泽侯表第六	270
8	百官公卿表第七上	1609
9	百官公卿表第七下	0
10	古今人表第八	0
总计		3610

表 4 《汉书集释》中《志》遗漏的字数统计

序号	具体章节	遗漏字数/个
1	律历志第一上	5933
2	律历志第一下	8816
3	礼乐志第二	6642
4	刑法志第三	5776
5	食货志第四上	4340
6	食货志第四下	5445
7	郊祀志第五上	7639
8	郊祀志第五下	6600
9	天文志第六	10358
10	五行志第七上	6596
11	五行志第七中之上	9523
12	五行志第七中之下	7116
13	五行志第七下之上	7813
14	五行志第七下之下	17635
15	地理志第八上	288
16	地理志第八下	606

续表

序号	具体章节	遗漏字数/个
17	沟洫志第九	3297
18	艺文志第十	28
总计		114451

表 5 《汉书集释》中《传》遗漏的字数统计

序号	具体章节	遗漏字数/个
1	陈胜项籍传第一	0
2	张耳陈余传第二	0
3	魏豹田儋韩王信传第三	0
4	韩彭英卢吴传第四	0
5	荆燕吴传第五	3
6	楚元王传第六	0
7	季布栾布田叔传第七	0
8	高五王传第八	116
9	萧何曹参传第九	0
10	张陈王周传第十	13
11	樊郦滕灌傅靳周传第十一	15
12	张周赵任申屠传第十二	0
13	郦陆朱刘叔孙传第十三	0
14	淮南衡山济北王传第十四	0
15	蒯伍江息夫传第十五	0
16	万石卫直周张传第十六	30
17	文三王传第十七	0
18	贾谊传第十八	0
19	爰盎晁错传第十九	0
20	张冯汲郑传第二十	0
21	贾邹枚路传第二十一	0
22	窦田灌韩传第二十二	0

续表

序号	具体章节	遗漏字数/个
23	景十三王传第二十三	51
24	李广苏建传第二十四	0
25	卫青霍去病传第二十五	0
总计		228

通过上述表格,可以清晰地看到施之勉遗漏原文字数,其中《纪》遗漏 5865 字,《表》遗漏 3610 字,《志》遗漏 114451 字,《传》遗漏 228 字,总计遗漏 124154 字。而《汉书》总共约为 742298 字,可见遗漏数量之巨。

3. 遗漏《汉书》历代注释内容

所谓原注,即以王先谦《汉书补注》本为参照而言。除了前文所述因为遗漏原文而导致遗漏注释之外,也广泛存在着遗漏前人注释的现象。如《汉书》原文“赋敛兹重,而百姓屈竭”①。“师古曰:兹,益也。屈,尽也,音其勿反。《补注》先谦曰:屈、竭同训。《荀子·荣辱》《王制》《礼论》等篇注:‘屈,竭也。’《淮南·原道训》‘怳兮忽兮,用不屈兮’。不屈,犹不竭。”②而《汉书集释》中仅为“师古曰:屈,尽也”③,如果这可以看成有选择地吸收观点的话,那么王先谦的观点并未被吸收,显然有遗漏之嫌。既然号称“集释”,就应该把诸家的各种见解分类集中于原文之下,让读者自己去进行判断。

4. 补注时大段照搬引用其他资料

若从字数上来看,施之勉按语的字数较多,但是不少按语都是大段照搬引用其他材料,特别是引用《资治通鉴》《汉纪》《西汉年纪》等书,这些作品都是以《史记》《汉书》等为基础,虽经考订,但其史料价值并不高。若从叙述完整性来讲,引用这些内容可以使原书内容更加清晰明了倒也勉强说得过去,但不注意其中重复部分,没有节制地照搬,则让读者有点难以接受。

---

① 班固撰、王先谦补注:《汉书补注(四)》,上海古籍出版社 2008 年版,第 2121 页。
② 班固撰,王先谦补注:《汉书补注(四)》,上海古籍出版社 2008 年版,第 2121 页。
③ 施之勉:《汉书集释·五行志第七下之下》,三民书局股份有限公司 2003 年版,第 2390 页。

《汉书》原文:“济北王兴居闻帝之代,欲自击匈奴,乃反,发兵欲袭荥阳。于是诏罢丞相兵,以棘蒲侯柴武为大将军,将四将军十万众击之。祁侯缯贺为将军,军荥阳。秋七月,上自太原至长安。诏曰:济北王背德反上,诖误吏民,为大逆。济北吏民兵未至,先自定及以军城邑降者,皆赦之,复官爵。与王兴居去来者,亦赦之。”①

施之勉按曰:“《通鉴》初,大臣之诛诸吕也,朱虚侯功尤大,大臣许尽以赵地王朱虚侯,尽以梁地王东牟侯。及帝立,闻朱虚、东牟之初欲立齐王,故绌其功。及王诸子,乃割齐二郡以王之。兴居自以失职夺功,颇怏怏。闻帝幸太原,以为天子且自击胡,遂发兵反。帝闻之,罢丞相及行兵皆归长安,以棘蒲侯柴武为大将军,将四将军、十万众击之。祁侯缯贺为将军,军荥阳。秋,七月上自太原至长安。诏,济北吏民,兵未至先白定及以军城邑降者,皆赦之,复官爵。与王兴居去来者,赦之。八月,济北王兴居兵败,自杀。”②通过规避可以发现,《资治通鉴》中的不少内容与《汉书》原文一致,显然这一部分毫无必要。更有甚者,还有不少按语是直接引自《汉书》内部。

《汉书》原文:“夏四月,城阳王章薨。淮南王长杀辟阳侯审食其。”③

颜师古曰:“杀之于其家。”④

王先谦《汉书补注》曰:“详《长传》。”⑤

施之勉按曰:“《淮南厉王传》淮南厉王长,高帝少子也,其母故赵王张敖美人……臣谨为天下诛贼,报母之仇,伏阙下请罪。文帝伤其志,为亲故不治,赦之。”⑥中间省略号为笔者所加,此段按语将近五百字,全部照搬自《淮南厉王传》。而此处将相关内容完全誊录至此,则显得毫无必要,而且极大地增加了文

① 施之勉:《汉书集释·文帝纪第四》,三民书局股份有限公司 2003 年版,第 236 页。
② 施之勉:《汉书集释·文帝纪第四》,三民书局股份有限公司 2003 年版,第 236—237 页。
③ 施之勉:《汉书集释·文帝纪第四》,三民书局股份有限公司 2003 年版,第 233 页。
④ 施之勉:《汉书集释·文帝纪第四》,三民书局股份有限公司 2003 年版,第 233 页。
⑤ 班固撰,王先谦补注:《汉书补注(一)》,上海古籍出版社 2008 年版,第 175 页。
⑥ 施之勉:《汉书集释·文帝纪第四》,三民书局股份有限公司 2003 年版,第 233—234 页。

本的篇幅。这种按语方式,也在一定程度上背离了纪传体史书的本意。在同一本史书中,史家往往在不同的地方因体裁和叙事的需要采取繁简不一的态度,但读者可以通过互见的形式,进行通读,进而完整地掌握整个事件的来龙去脉。其实,王先谦已指出“详《长传》”,则已尽善尽美。

5. 不当补注之处而补注

《汉书集释》中,有个别不当补注之处而补注,给人以文不对题之感,如“三十六将军”条。

> 《汉书》原文:“诸将破七国,斩首十余万级。追斩吴王濞于丹徒。胶西王卬、楚王戊、赵王遂、济南王辟光、菑川王贤、胶东王雄渠皆自杀。”[①]

施之勉按曰:“《西汉年纪考异》曰,《灌夫传》云,吴楚反时,颍阴侯灌何为将军,属太尉。请灌孟为校尉。其子夫,以千人与父俱。《韩王信传》云,吴楚反时,弓高侯功冠诸将。《直不疑传》云,吴楚反时,不疑以二千石将击之。《李广传》云,吴楚反时,广为骁骑都尉,从太尉亚夫,战昌邑下显名。以梁王授广将军印,故还赏不行。又按,《表》程嘉、公孙昆邪、苏息,皆以将军击吴楚。所谓三十六将军,其可见者才如此,余皆无考。”[②]

施之勉按语全文转自王益之《西汉年纪考异》。其实,关于“三十六将军”一语并未出现在此句中,而是出现在《汉书·吴王濞传》中,即“七国反书闻,天子乃遣太尉条侯周亚夫将三十六将军往击吴楚;遣曲周侯郦寄击赵,将军栾布击齐……”[③],与《史记·吴王濞列传》表述稍微不同,《史记·吴王濞列传》中为“七国反书闻天子,天子乃遣太尉条侯周亚夫将三十六将军,往击吴楚”[④]。因此,在此处做集释并不恰当。

6. 并未充分吸收已有的成果

尽管施之勉的集释力求全面,但并未吸收所有在其所处时代的观点。比如

---

① 施之勉:《汉书集释·景帝纪第五》,三民书局股份有限公司2003年版,第289页。
② 施之勉:《汉书集释·景帝纪第五》,三民书局股份有限公司2003年版,第289页。
③ 班固:《汉书·荆燕吴传第五》,中华书局1962年版,第1912页。
④ 司马迁:《史记·吴王濞列传第四十六》,中华书局2013年版,第3405页。

集释中经常出现杨树达的观点,但如“用民之力不过岁三日”条,却没有吸收新观点。杨树达认为:“岁谓每岁,非谓乐岁。不过岁三日即岁不过三日,文字次序不同,而义训无二。王氏强生分别,殊为无理。《礼记疏》引《周礼·均人》为说,然丰年旬用三日,与岁不过三日全是两事,绝不相涉。盖一以岁计,一以旬计也。用民者不必同时用之,更迭相续,何患事之不毕乎!王说固滞不通甚矣。”①杨树达所说为是,董仲舒《春秋繁露·王道》亦曰“不夺民时,使民不过岁三日”②。

7. 大量引用《汉书》评议类的著作

在《汉书集释》中大量引用评议、鉴赏类的内容,施之勉引用的对象主要涉及《史记评林》《汉书评林》等,通过前文的引书概况的分析和按语研究内容的探讨便可见一斑,这里不再具体展开。尽管《汉书》有很高的文学价值,但其本质上仍然是一本史书。施之勉也是治中国古代历史,而非中国古代文学史。因此,在《汉书集释》中大量引用评议、鉴赏类的内容,特别是对个别用语或用词的点评,既脱离《汉书》的本质,也非施之勉所长,这在一定程度上影响了本书的价值。

总而言之,施之勉年事已高,在人生最后的岁月还倾心于《汉书》研究,其学术精神永远是勉励后学前行的风范。施之勉在方法上和具体内容上都做了很大努力,在某种程度上也增强了相关问题的可信度,有助于进一步理解《汉书》记载中不明确、不翔实的问题。其中存在个别不足的地方,也与施之勉所处的学术时代有关,他偏居一隅,对大陆学术界的一些新观点了解得不够充分,其所做的一切,都在一定程度上推动了《汉书》和秦汉史的相关研究,其不足之处,也为今后的进一步考证提供了方法论上的借鉴。

8. 其他

施之勉按语中大量引文未区分自己的意见与前人成果,这可能与整理者的失误有关,也可能与书稿处于未整理状态有关。此处仅举一例便可知晓,如“用民之力不过岁三日”条。

---

① 杨树达:《汉书窥管》,湖南教育出版社 2007 年版,第 319 页。

② 董仲舒著,陈蒲清校注:《春秋繁露·天人三策》,岳麓书社 1997 年版,第 53 页。

《汉书》原文:“昔者,周盖千八百国,以九州之民养千八百国之君,用民之力不过岁三日……”①

王先谦《汉书补注》:“王文彬曰:‘不过岁三日’,当作‘岁不过三日’。此《礼记·王制》文,孔疏云‘谓使民治城郭道渠,年岁虽丰,不得过三日,自下皆然’。按《周礼·均人》云‘丰年,旬用三日;中年,旬用二日;无年,旬用一日。年岁不同,虽丰不得过三日’。余按《诗·豳风·七月》云‘我稼既同,上入执宫功’。《礼·郊特牲》‘既蜡而收,民息已,故既蜡,君子不兴功’。是古者力役兴于农隙之时,以冬三月为候,丰年一旬而三日,则一月而九日;无年而力役不作,则冬用九日而已。日以旬为限,岁以凶丰为差,故曰岁不过三日也。若云不过岁三日,则是岁止以三日为限,且犹有一日二日之差,而城郭道渠之治,安能暂时毕事乎?又按本书《食货志》‘毋过岁什一’,与此句例相似,而义不同。先谦曰:《贡禹传》正作‘岁不过三日’。”②

施之勉按曰:“按,《周礼》均人云,丰年,旬用三日。中年,旬用二日。无年,旬用一日。年岁不同,虽丰不得过三日。若云不过岁三日,则是岁止以三日为限,且犹有一日二日之差,而城郭道渠之治,安能暂时毕事乎。本书《食货志》毋过岁什一,与此句例相似而义不同。王先谦曰,《贡禹传》正作岁不过三日。”③

文字下划线为笔者所加,王先谦补注300余字,施之勉按语120余字,通过二者内容对比,施之勉按语几乎全部因袭《汉书补注》注引王文彬语,若不是出自王先谦,全文也没有交代引自王文彬。

总而言之,施之勉身处高龄,在人生的最后岁月还倾心研究《汉书》,其学术精神永远是勉励后学前行的风范。施之勉在方法上和具体内容上都做了很大努力,在某种程度上也增强了相关问题的可信度,有助于进一步理解《汉书》记载中不明确、不翔实的问题。其中存在个别不足的地方,也与施之勉所处的学术时代有关,但其所做的一切,都在一定程度上推动了《汉书》和秦汉史的相关研究,其不足之处,也为今后进一步考评提供了方法论上的借鉴意义。

---

① 施之勉:《汉书集释·贾邹枚路传第二十一》,三民书局股份有限公司2003年版,第5865页。
② 班固撰,王先谦补注:《汉书补注(八)》,上海古籍出版社2008年版,第3792页。
③ 施之勉:《汉书集释·贾邹枚路传第二十一》,三民书局股份有限公司2003年版,第5865页。

参考文献

一、古籍书目

[1]司马迁. 史记[M]. 北京:中华书局,2013.

[2]班固. 汉书[M]. 北京:中华书局,1962.

[3]许慎. 说文解字:附检字[M]. 北京:中华书局,1963.

[4]蔡邕. 独断[M]. 上海:上海古籍出版社,1990.

[5]荀悦,袁宏. 两汉纪:《汉纪》《后汉记》[M]. 张烈,点校. 北京:中华书局,2002.

[6]崔豹. 古今注[M]. 上海:商务印书馆,1956.

[7]陈寿. 三国志[M]. 陈乃乾,校点. 北京:中华书局,1959.

[8]范晔. 后汉书[M]. 李贤,等,注. 北京:中华书局,1965.

[9]房玄龄,等. 晋书:全十册[M]. 北京:中华书局,1974.

[10]李昉,等. 太平御览:全四册[M]. 北京:中华书局,1960.

[11]吴淑. 事类赋注[M]. 冀勤,王秀梅,马蓉,校点. 北京:中华书局,1989.

[12]王尧臣,等. 崇文总目[M]. 钱东垣,等,辑释. 北京:中华书局,1985.

[13]司马光. 资治通鉴[M]. 胡三省,音注. 北京:中华书局,1956.

[14]赵明诚. 金石录[M]. 刘晓东,崔燕南,点校. 济南:齐鲁书社,2009.

[15]郑樵. 通志:全三册[M]. 北京:中华书局,1987.

[16]洪迈. 容斋随笔[M]. 穆公,校点. 上海:上海古籍出版社,2015.

[17]吴仁杰. 两汉刊误补遗[M]. 北京:中华书局,1991.

[18]王楙. 野客丛书[M]. 郑明,王义耀,校点. 上海:上海古籍出版社,1991.

[19]徐天麟. 西汉会要[M]. 上海:上海古籍出版社,2006.

[20]马端临. 文献通考[M]. 杭州:浙江古籍出版社,2000.

[21]司马迁,茅坤. 史记抄[M]. 王晓红,整理. 北京:商务印书馆,2013.

[22]凌稚隆. 汉书评林[M]. 上海:天章书局,1901.

[23]顾炎武. 日知录集释:全校本[M]. 黄汝成,集释. 栾保群,吕宗力,校点. 上海:上海古籍出版社,2006.

[24]阎若璩. 尚书古文疏证[M]. 上海:上海书店出版社,2012.

[25]何焯. 义门读书记[M]. 崔高维,点校. 北京:中华书局,1987.

[26]刘知几. 史通通释[M]. 浦起龙,释. 上海:上海古籍出版社,1978.

[27]全祖望. 经史问答[M]. 扬州:江苏广陵古籍刻印社,1990.

[28]全祖望,朱铸禹. 全祖望集汇校集注[M]. 上海:上海古籍出版社,2000.

[29]王鸣盛. 十七史商榷[M]. 黄曙辉,点校. 上海:上海古籍出版社,2013.

[30]纪昀. 四库全书总目提要[M]. 石家庄:河北人民出版社,2000.

[31]赵翼. 陔余丛考[M]. 栾保群,吕宗力,校点. 石家庄:河北人民出版社,1990.

[32]赵翼,王树民. 廿二史札记校证[M]. 北京:中华书局,2013.

[33]钱大昕. 廿二史考异[M]. 方诗铭,周殿杰,校点. 上海:上海古籍出版社,2004.

[34]章学诚,叶瑛. 文史通义校注[M]. 北京:中华书局,1985.

[35]梁玉绳. 史记志疑[M]. 北京:中华书局,1981.

[36]钱大昭. 汉书辨疑[M]. 上海:商务印书馆,1936.

[37]严可均. 全上古三代秦汉三国六朝文[M]. 北京:中华书局,1958.

[38]焦循. 里堂道听录[M]. 刘建臻,整理. 扬州:广陵书社,2016.

[39]阮元. 十三经注疏[M]. 北京:中华书局,1980.

[40]洪颐煊. 读书丛录[M]. 北京:中华书局,1985.

[41]俞正燮.癸巳存稿[M].沈阳:辽宁教育出版社,2003.

[42]黄本骥.黄本骥集[M].刘范弟,点校.长沙:岳麓书社,2009.

[43]程馀庆.历代名家评注史记集说[M].高益荣,赵光勇,张新科,编撰.西安:三秦出版社,2011.

[44]汪曰桢.历代长术辑要 古今推步考[M].上海:上海古籍出版社,1996.

[45]《清代诗文集汇编》编纂委员会.清代诗文集汇编[M].上海:上海古籍出版社,2010.

[46]李慈铭.越缦堂读史札记全编[M].北京:北京图书馆出版社,2003.

[47]沈家本.历代刑法考:附寄移文存[M].邓经元,骈宇骞,点校.北京:中华书局,1985.

[48]孙星衍,等.汉官六种[M].周天游,点校.北京:中华书局,1990.

[49]吴汝纶.吴汝纶全集[M].施培毅,徐寿凯,校点.合肥:黄山书社,2002.

[50]王先谦.荀子集解[M].沈啸寰,王星贤,点校.北京:中华书局,1988.

[51]班固,王先谦补注,上海师范大学古籍研究所整理.汉书补注[M].上海:上海古籍出版社,2012.

[52]苏舆.春秋繁露义证[M].钟哲,点校.北京:中华书局,1992.

[53]黎翔凤.管子校注[M].梁运华,整理.北京:中华书局,2004.

二、出土文献

[1]胡平生,张德芳.敦煌悬泉汉简释粹[M].上海:上海古籍出版社,2001.

[2]张家山二四七号汉墓竹简整理小组.张家山汉墓竹简〔二四七号墓〕:释文修订本[M].北京:文物出版社,2006.

[3]荆州博物馆.荆州重要考古发现[M].北京:文物出版社,2009.

[4]陈伟.里耶秦简牍校释:第1卷[M].武汉:武汉大学出版社,2012.

[5]陈伟.秦简牍合集:壹[M].武汉:武汉大学出版社,2014.

三、今人著作与学术论文

[1]曹旅宁. 秦律新探[M]. 北京:中国社会科学出版社,2002.

[2]陈垣. 中西回史日历[M]. 北京:中华书局,1962.

[3]陈冬冬.《春秋公羊传》通释[M]. 成都:四川大学出版社,2015.

[4]陈国庆. 汉书艺文志注释汇编[M]. 北京:中华书局,1983.

[5]陈梦家. 汉简缀述[M]. 北京:中华书局,1980.

[6]陈其泰. 再建丰碑:班固和《汉书》[M]. 北京:生活·读书·新知三联书店,1994.

[7]陈世明,吴福环. 二十四史西域史料辑注:全三册[M]. 乌鲁木齐:新疆大学出版社,2013.

[8]陈业新. 灾害与两汉社会研究[M]. 上海:上海人民出版社,2004.

[9]陈直. 汉书新证[M]. 北京:中华书局,2008.

[10]邓云特. 中国救荒史[M]. 北京:商务印书馆,2011.

[11]邓之诚. 中华二千年史[M]. 北京:中华书局,1983.

[12]董平均. 出土秦律汉律所见封君食邑制度研究[M]. 哈尔滨:黑龙江人民出版社,2007.

[13]范文澜. 中国通史[M]. 北京:人民出版社,1978.

[14]富谷至. 文书行政的汉帝国[M]. 刘恒武,孔李波,译. 南京:江苏人民出版社,2013.

[15]顾实. 汉书艺文志讲疏[M]. 上海:上海古籍出版社,2009.

[16]韩兆琦. 史记笺证[M]. 南昌:江西人民出版社,2004.

[17]贺昌群. 汉唐间封建土地所有制形式研究[M]. 上海:上海人民出版社,1964.

[18]胡适. 胡适思想录[M]. 北京:中国城市出版社,2013.

[19]华夫. 中国古代名物大典(上、下)[M]. 济南:济南出版社,1993.

[20]黄今言. 秦汉赋役制度研究[M]. 南昌:江西教育出版社,1988.

[21]何清谷. 三辅黄图校释[M]. 北京:中华书局,2005.

[22]黎千驹. 训诂方法与实践[M]. 桂林:广西师范大学出版社,1997.

[23]李今庸. 李今庸黄帝内经考义[M]. 北京:中国中医药出版社,2015.

[24]李均明. 秦汉简牍文书分类辑解[M]. 北京:文物出版社,2009.

[25]李开元. 汉帝国的建立与刘邦集团:军功受益阶层研究[M]. 北京:生活·读书·新知三联书店,2000.

[26]李冶. 敬斋古今黈　附拾遗[M]. 北京:中华书局,1985.

[27]栗劲. 秦律通论[M]. 济南:山东人民出版社,1985.

[28]刘金亮,王力军. 焦氏易林探秘[M]. 北京:中央编译出版社,2014.

[29]刘俊文. 日本学者研究中国史论著选译　第3卷　上古秦汉[M]. 黄金山,孔繁敏,等,译. 北京:中华书局,1993.

[30]刘咸炘. 刘咸炘学术论集:史学编[M]. 桂林:广西师范大学出版社,2007.

[31]吕思勉. 先秦史[M]. 北京:北京理工大学出版社,2016.

[32]缪文远. 战国制度通考[M]. 成都:巴蜀书社,1998.

[33]杨天石,曾景忠. 宁调元集[M]. 长沙:湖南人民出版社,1988.

[34]彭卫. 汉代婚姻形态[M]. 西安:三秦出版社,1988.

[35]钱穆. 史记地名考:上、下册[M]. 北京:商务印书馆,2001.

[36]谭其骧. 中国历史地图集　第一册:原始社会　夏　商　西周　春秋　战国时期[M]. 北京:中国地图出版社,1982.

[37]王国维. 王国维手定观堂集林[M]. 黄爱梅,点校. 杭州:浙江教育出版社,2014.

[38]王叔岷. 史记斠证[M]. 北京:中华书局,2007.

[39]王文涛. 秦汉社会保障研究:以灾害救助为中心的考察[M]. 北京:中华书局,2007.

[40]西嶋定生. 二十等爵制[M]. 武尚清,译. 北京:国际文化出版公司,1992.

[41]阎步克. 从爵本位到官本位:秦汉官僚品位结构研究[M]. 北京:生

活·读书·新知三联书店,2009.

[42]杨建.西汉初期津关制度研究:附《津关令》简释[M].上海:上海古籍出版社,2010.

[43]杨树达.马氏文通刊误[M].上海:上海古籍出版社,2007.

[44]杨树达.汉书窥管[M].上海:上海古籍出版社,2013.

[45]应三玉.《史记》三家注研究[M].南京:凤凰出版社,2008.

[46]臧知非.秦汉赋役与社会控制[M].西安:三秦出版社,2012.

[47]张大可,凌朝栋,曹强.史记学概要[M].北京:商务印书馆,2015.

[48]中国社会科学院考古研究所.新中国的考古发现和研究[M].北京:文物出版社,1984.

[49]周伯棣.中国财政史[M].上海:上海人民出版社,1981.

[50]朱东润.史记考索:外二种[M].上海:华东师范大学出版社,1996.

[51]朱志先.明人汉史学研究[M].武汉:湖北人民出版社,2011.

[52]唐原道.回忆我的舅父施之勉[M]//中国人民政治协商会议江苏省无锡市委员会文史资料委员会.无锡文史资料第24辑.无锡:无锡市政协文史资料委员会,1991.

[53]卜宪群.秦汉之际国家结构的演变——兼谈张家山汉简中汉与诸侯王国的关系[M]//秦文化论丛:第十二辑.西安:三秦出版社,2005.

[54]卜宪群.秦汉之际乡里吏员杂考——以里耶秦简为中心的探讨[J].南都学坛,2006(1):1-6.

[55]杜正胜."编户齐民论"的剖析[M]//王健文.政治与权力.北京:中国大百科全书出版社,2005.

[56]陈苏镇.汉初王国制度考述[J].中国史研究,2004(3):27-40.

[57]陈维昭.汉代乐署沿革与"乐"的诸形态[M]//陈维昭,罗书华,周兴陆.黄霖先生七轶华诞师门同庆集.南京:凤凰出版社,2011.

[58]陈伟.里耶秦简所见的"田"与"田官"[J].中国典籍与文化,2013(4):140-146.

[59]陈伟.简牍资料所见西汉前期的"卒更"[J].中国史研究,2010(3):

23-35.

[60]陈伟. 也谈董仲舒上言“又加”句的解读问题[M]//中国社会科学院历史研究所,日本东方学会,大东文化大学. 第一届中日学者中国古代史论坛文集. 北京:中国社会科学出版社,2010.

[61]雒飞. “骊山徒人奴产子”断句辨析[J]. 河南大学学报(社会科学版),1986(1):71-72.

[62]崔曙庭. 汉代更赋析辨[M]//中国历史文献研究会. 中国历史文献研究集刊:第二集. 长沙:湖南人民出版社,1981.

[63]高建国. 汉代地震考[J]. 城市与减灾,2001(5):20-23.

[64]高建国. 汉代地震考(续)[J]. 城市与减灾,2001(6):24-26.

[65]高敏. 从云梦秦简看秦的土地制度[M]//云梦秦简初探:增订本. 郑州:河南人民出版社,1981.

[66]高敏. 秦汉徭役制度辨析(上)[J]. 郑州大学学报(哲学社会科学版),1985(3):56-64.

[67]广濑薰雄. 张家山汉简所谓《史律》中有关践更之规定的探讨[J]. 人文论丛,2004(0):271-284.

[68]韩连琪. 汉代的田租口赋和徭役[J]. 文史哲,1956(7):49-67.

[69]黄怀信. 关于“阿房宫”之名[J]. 文博,1998(2):49-50.

[70]黄今言. 秦汉兵徭服役期限问题商兑[J]. 江西师范大学学报,1987(2):19-28.

[71]蒋非非. 算赋制度问题探讨——从江陵凤凰山十号汉墓出土简牍谈起[M]//《平准学刊》编委会. 平准学刊——中国社会经济史研究论集:第三辑下册. 北京:中国商业出版社,1986.

[72]强济和. 怀念施之勉老师[M]//中国人民政治协商会议江苏省无锡县委员会文史资料委员会. 无锡县文史资料 · 人物专辑(一). 无锡:〔出版者不详〕,[1992].

[73]金钟希. 秦代县的曹组织与地方官制——以里耶秦简中出现的迁陵县土地与财政运营为中心[C]//中国秦汉史研究会第十四届年会暨国际学术研

讨会论文集. 成都,2014.

[74]开封地区文物管理委员会,新郑县文物管理委员会,郑州大学历史系考古专业. 裴李岗遗址一九七八年发掘简报[J]. 考古,1979(3):197-205,289-290.

[75]李均明. 汉简所见出入符、传与出入名籍[M]//中华书局编辑部. 文史:第十九辑. 北京:中华书局,1983.

[76]李孔怀. 汉代郎官述论[M]//中国秦汉史研究会. 秦汉史论丛:第二辑. 西安:陕西人民出版社,1983.

[77]李勉. 再论秦汉的“田”与“田部”[C]//中国秦汉史研究会第十四届年会暨国际学术研讨会论文集. 成都,2014.

[78]李艳红.《汉书》中“颂系”不当看作“鬆系”[J]. 励耘语言学刊,2015(2):87-91.

[79]梁希杰. 西汉时代的三品更与更赋[J]. 读书通讯,1947(146):7-8.

[80]刘乃和. 中国历史上的纪年(上)[M]//《文献》丛刊编辑部. 文献:第十七辑. 北京:书目文献出版社,1983.

[81]刘瑞. 何处阿房宫——苏秉琦先生的阿房宫探索[M]//中国社会科学院考古研究所,西安市文物保护考古研究院,西安市秦阿房宫遗址保管所. 阿房宫考古发现与研究. 北京:文物出版社,2014.

[82]刘瑞明. “自”字连续误增新义的清理否定——词尾“自”的深化研究[M]//马步升,徐治堂. 陇上学人文存·刘瑞明卷. 兰州:甘肃人民出版社,2014.

[83]赵克尧. “陈圣刘太平皇帝”考[J]. 社会科学战线丛刊,1980(2):33-35.

[84]刘庆柱,李毓芳. 西安相家巷遗址秦封泥考略[J]. 考古学报,2001(4):427-452,569-588.

[85]刘治立. 史注传统下的“汉书学”[J]. 信阳师范学院学报(哲学社会科学版),2013(4):122-128.

[86]刘钟明. 汉王所劫五诸侯兵考[J]. 政衡月刊,1934(12):82-86.

[87]吕利.《二年律令》所见汉代亲属制度[J]. 枣庄学院学报,2015(1):71-77.

[88]彭卫. 传世文献与出土简牍中的“下妻”、“偏妻”和“中妻”[N]. 中国社会科学报,2009-09-10(5).

[89]秦进才.《汉书·江充传》“充出逢馆陶长公主”考[M]//中国秦汉史研究会. 秦汉史论丛第13辑. 郑州:郑州大学出版社,2014.

[90]裘锡圭. 从马王堆一号汉墓“遣册”谈关于古隶的一些问题[J]. 考古,1974(1):46-55,76-77.

[91]裘锡圭. 啬夫初探[M]//中华书局编辑部. 云梦秦简研究. 北京:中华书局,1981.

[92]施肇锡. 先父施之勉事略[Z]//江苏文史资料编辑部. 海鸥乡音. 南京:江苏文史资料编辑部,1990.

[93]史念海. 汉代长安城的营建规模——谨以此文恭贺白寿彝教授九十大寿[J]. 中国历史地理论丛,1998(2):1-14,45,16-40,249.

[94]宋杰. 汉朝刑具拘系制度考述[J]. 社会科学战线,2005(1):140-147.

[95]孙言诚. 秦汉的戍卒[J]. 文史哲,1988(5):44-48.

[96]唐晓军. 汉简所见关传与过所的关系[J]. 西北史地,1994(3):87-90.

[97]王爱清. 秦汉基层等级身份秩序的确立与变迁——以赐民爵为中心[J]. 兰州学刊,2013(10):156-161.

[98]王彦辉.《里耶秦简》(壹)所见秦代县乡机构设置问题蠡测[J]. 古代文明,2012(4):46-57,113.

[99]王彦辉. 田啬夫、田典考释——对秦及汉初设置两套基层管理机构的一点思考[J]. 东北师大学报(哲学社会科学版),2010(2):49-56.

[100]王勇. 秦汉地方农官建置考述[J]. 中国农史,2008(3):16-23.

[101]王毓铨. 王毓铨史论集[M]. 北京:中华书局,2005.

[102]王云度. “吏皆送奉钱三,何独以五”新解[J]. 中国史研究,1990(4):118.

[103]王子今. “偏妻”“下妻”考——张家山汉简《二年律令》研读札记

[M]//饶宗颐. 华学　第六辑. 北京:紫禁城出版社,2003.

[104]汪桂海. 敦煌简牍所见汉朝与西域的关系[M]//武汉大学简帛研究中心. 简帛:第一辑. 上海:上海古籍出版社,2006.

[105]魏金炎. "阿房宫"考释[M]//中国社会科学院考古研究所,西安市文物保护考古研究院,西安市秦阿房宫遗址保管所. 阿房宫考古发现与研究. 北京:文物出版社,2014.

[106]魏良弢. 西汉"三十税一"和"献费"初探[J]. 南京大学学报(哲学社会科学),1980(3):77-80.

[107]夏裕国. 退休后的施之勉老师[M]//中国人民政治协商会议江苏省无锡县委员会文史资料委员会. 无锡县文史资料·人物专辑(一). 无锡:〔出版者不详〕,[1992].

[108]肖瑞峰,石树芳. "汉书学"的历史流程及其特征[J]. 清华大学学报(哲学社会科学版),2013(4):105-110,160.

[109]辛德勇. 历史的空间与空间的历史[M]. 北京:北京师范大学出版社,2005.

[110]辛德勇. 汉"元朔五年弩"鐖郭铭文述疑[J]. 故宫博物院院刊,2009(2):39-47,158-159.

[111]徐家骥. 中国古代《汉书》研究概述[J]. 咸阳师专学报,1996(1):26-32.

[112]许宝蘅. 读汉杂识(节录)[M]//中央文史研究馆. 崇文集二编:中央文史研究馆馆员文选. 北京:中华书局,2004.

[113]许殿才.《汉书》研究的回顾[J]. 史学史研究,1991(2):67-74.

[114]许殿才. 谈《汉书》的体例[J]. 辽宁大学学报,1991(3):43-46.

[115]杨振红. 汉代自然灾害初探[J]. 中国史研究,1999(4):49-60.

[116]杨振红. 徭、戍为秦汉正卒基本义务说——更卒之役不是"徭"[J]. 中华文史论丛,2010(1):331-362,397-398.

[117]杨振红. 秦汉简中的"冗"、"更"与供役方式——从《二年律令·史律》谈起[M]//卜宪群,杨振红. 简帛研究二〇〇六. 桂林:广西师范大学出版

社,2008.

[118]于豪亮.西汉适龄男子戍边三日说质疑[J].考古,1982(4):407-409,380.

[119]袁法周.中国古代《汉书》的传播与研究[J].宁夏社会科学,2007(2):151-154.

[120]臧知非."算赋"生成与汉代徭役货币化[J].历史研究,2017(4):27-42,190.

[121]臧知非.萧相国世家"钱三钱五"辨[J].中国史研究,1990(2):72.

[122]臧知非.从张家山汉简看"月为更卒"的理解问题[J].苏州大学学报(哲学社会科学版),2004(6):92-94.

[123]臧知非.汉代更赋辨误——兼谈"戍边三日"问题[J].徐州师范学院学报(哲学社会科学版),1987(2):34-39.

[124]张鹤泉.东汉丧礼送葬考[M]//汤勤福.中国礼制变迁及其现代价值研究:东北卷.上海:上海三联书店,2016.

[125]张金光.论秦徭役制中的几个法定概念[J].山东大学学报(哲学社会科学版),2004(3):26-33.

[126]张金光.说秦汉徭役制度中的"更"——汉牍《南郡卒编更簿》小记[J].鲁东大学学报(哲学社会科学版),2011(2):67-72.

[127]张旭光.关于中国历史纪年的初步意见[J].新史学通讯,1956(1):16-20.

[128]赵化成.汉"建元"、"元光"、"元朔"诸器辨伪兼及武帝前期年号问题[J].文博,1996(4):48-50,59.

[129]周春健.《汉书艺文志·叙论》疏证[M]//曾海军.肇端发始见人文:第一届"儒家人文与素质教育"研讨会论文集.成都:四川大学出版社,2015.

[130]周洪才,钟淑娥.《汉书》及其历代研究[J].河南图书馆学刊,1989(1):35-38.

[131]周洪才.历代《汉书》研究述略[J].齐鲁学刊,1987(3):26-29.

[132]周振鹤,周翔鹤.西汉献费考[M]//朱东润、李俊民、罗竹风.中华文

史论丛. 上海:上海古籍出版社,1981.

[133]中国社会科学院考古研究所河南一队. 1979 年裴李岗遗址发掘报告[J]. 考古学报,1984(1):23-52,137-146.

四、硕士、博士学位论文

[1]柴波. 秦汉饮食文化[D]. 西安:西北大学,2001.

[2]倪小勇. 宋代"文治"背景下的《汉书》研究[D]. 西安:西北大学,2014.

[3]张海峰. 王先谦《汉书补注》研究[D]. 济南:山东大学,2011.

[4]蔡万进. 尹湾汉墓简牍论考[D]. 郑州:郑州大学,2001.